AF495614

THÈSE
DE DOCTORAT

THÈSE

DE DOCTORAT

PRÉSENTÉE

Par M. Arthur SANGUINEDE

DES DISPOSITIONS ENTRE ÉPOUX PENDANT LE MARIAGE
EN DROIT ROMAIN ET EN DROIT FRANÇAIS.

NIMES

IMPRIMERIE SOUSTELLE

9, Boulevart Saint-Antoine, 9

—

1874

THÈSE DE DOCTORAT

—

DES DISPOSITIONS ENTRE ÉPOUX PENDANT LE MARIAGE

—

PREMIÈRE PARTIE

DROIT ROMAIN (*)

———

CHAPITRE PREMIER

A l'origine les donations entre époux furent permises à Rome ; elles y jouissaient même d'une certaine faveur, puisque la restriction de la loi Cincia ne s'y appliquait pas, ainsi que nous l'apprend le paragraphe 302 des Fragments du Vatican. Vainement a-t-on prétendu que ce texte ne concernait que les libéralités exceptionnellement permises entre mari et femme. La généralité de ses termes n'autorise pas une telle interprétation. Du reste, les jurisconsultes romains nous font connaître les causes de l'incapacité que le mariage faisait naître de leur temps entre les époux : 1° Garantir la pureté du lien conjugal en lui ôtant tout caractère véual ; 2° empêcher que l'un des époux ne menaçât l'autre de divorcer s'il ne lui faisait une libéralité ; 3° arracher le conjoint à l'aveuglement de sa tendresse qui l'aurait porté à se dépouiller trop facilement. Or, dans l'état primitif de la société romaine, ni le premier, ni le second de ces motifs n'existaient ; car, d'une part, la dignité du mariage était suffisamment garantie par le respect et la considération dont était entourée cette institution et, d'autre part, si le divorce fut permis

———

(*) Les renvois au Digeste ou au Code qui n'indiquent pas le nom du titre auquel ils se rapportent, se réfèrent au titre *De Donationibus inter virum et uxorem*. La lettre D. signifie Digeste, et la lettre C. Code.

dès la plus haute antiquité, il est certain qu'il resta long-temps à l'état de droit purement abstrait, puisque Valère Maxime, Denys d'Halicarnasse et Aulu-Gelle rapportent que le premier divorce n'eut lieu qu'en 519 ou 523 de Rome.

Quant au troisième motif, il était loin d'avoir alors la gravité qu'il devait plus tard présenter ; car il est probable qu'anciennement la *manus* accompagnait presque toujours le mariage des ingénus. Or, si on songe que la femme *in manu* devenait *loco filiæ*, que ses biens s'absorbaient dans le patrimoine de son mari et que, par conséquent, elle ne pouvait rien posséder et rien acquérir, on comprendra que toute donation était impossible entre elle et son mari. Mais les mœurs romaines étaient bien changées quelques siècles plus tard. Les divorces se multiplièrent à un point qui nous paraît incroyable, en même temps qu'un goût effréné pour le luxe et la dépense se répandait dans toutes les classes. On vit alors les notions les plus pures se corrompre, et l'esprit de spéculation présider presque seul à la formation des mariages. En même temps, la *manus*, qui se résolvait en définitive en un véritable assujettissement pour la femme, devenait chaque jour plus rare, et finissait même par tomber complétement en désuétude. C'est alors qu'on enleva aux époux la faculté dont ils avaient joui jusqu'à cette époque de disposer l'un au profit de l'autre par donation entre vifs. On comprit qu'une telle liberté n'était plus compatible avec le nouvel état de la société romaine. L'excès même des abus et des scandales auxquels elle donna lieu fit naître la prohibition. Elle n'eut pas besoin d'être prononcée par le législateur ; elle s'introduisit d'elle-même comme une chose nécessaire et indispensable. Aussi Ulpien nous dit-il, dans la loi première *De donationibus inter virum et uxorem : « Moribus apud nos receptum est ne inter virum et uxorem donationes valerent. »* La prohibition établie par la coutume subsista sans modification jusqu'au règne d'Antonin Caracalla, qui introduisit d'importants changements. Nous aurons donc à étudier les libéralités entre époux dans deux périodes bien distinctes : celle qui a précédé et celle qui a suivi le sénatus-consulte de Caracalla.

CHAPITRE II.

PÉRIODE ANTÉRIEURE AU SÉNATUS-CONSULTE DE CARACALLA.

———

SECTION PREMIÈRE.

DES PERSONNES ENTRE LESQUELLES EXISTAIT LA PROHIBITION.

La coutume n'annulait que les donations entre personnes légitimement mariées ; par conséquent, celles que se faisaient un homme et une femme unis par un lien d'un ordre inférieur, tel que le concubinat, étaient valables. Aussi Ulpien nous apprend-il que Sévère avait maintenu les donations faites par un sénateur à son affranchie, parce qu'il l'avait prise non pour *uxor*, mais pour *concubina*. Cependant l'intérêt de la famille légitime fit apporter certaines restrictions relativement à la quotité de biens dont la concubine pourrait être gratifiée. Honorius et Arcadius défendirent à celui qui avait des enfants légitimes de donner plus d'un douzième de ses biens à sa concubine et à ses enfants naturels réunis (1), et plus d'un vingt-quatrième à cette dernière si elle était seule. C'était aussi cette quotité qu'elle pouvait recevoir si elle se trouvait en présence du père ou de la mère du disposant décédé sans enfants (2). D'après une Constitution de Valentinien Ier et de Gratien, celui qui n'avait ni enfants légitimes, ni père ni mère, ne pouvait donner à sa concubine plus de trois douzièmes (3). Au Code, Justinien permet de donner six onces aux enfants naturels et à la concubine, quand il n'y a pas de descendants légitimes (4). Enfin dans la novelle 89, chap. XII, il décide que, s'il y a des enfants

---

(1) C. L. 2. (2) C. L. 2. (3) Code Théodos. IV, 6, L. 1. *De natur. liberis.*
(4) L. 8 C. *De natur. liberis.*

légitimes, on ne pourra donner qu'une once aux enfants naturels et à leur mère, et que si celle-ci est seule, elle ne pourra recevoir qu'une demi-once. Mais il diminue l'effet de la présence des ascendants, lesquels ne pourront désormais prétendre qu'à leur légitime.

Lorsque le mariage que les parties avaient voulu contracter ne pouvait se former par suite de quelque empêchement légal, si par exemple un fonctionnaire public épousait une femme domiciliée dans la province où il exerçait ses fonctions, ou si un sénateur se mariait avec une affranchie, la donation que l'une d'elles faisait à l'autre ne tombait pas sous le coup de la prohibition. Mais comme on n'avait pas voulu traiter ceux qui enfreignaient les lois plus favorablement que ceux qui les respectaient, on avait jugé le donataire indigne d'en conserver l'émolument et on l'attribuait au fisc (1). Mais lorsque l'empêchement avait été introduit dans l'intérêt même de l'époux donateur, pour le protéger contre son inexpérience ou sa faiblesse, on lui accordait une action utile pour reprendre les biens dont il s'était dépouillé (2). La prohibition étant attachée à la qualité d'époux ne devait exister qu'à partir du mariage, qui était, suivant nous, formé dès que les parties avaient consenti et que la vie commune avait commencé ; la vie commune devait être réputée commencée dès que la femme se trouvait à la disposition physique du mari. L'opinion à laquelle nous avons cru devoir nous ranger est loin d'être admise par tous les interprètes. Il en est, en effet, qui ont voulu faire du mariage un contrat purement consensuel. D'autres, au contraire, l'ont regardé comme un contrat réel ne pouvant se former que par la tradition de la femme. La prohibition ne s'appliquant qu'aux donations postérieures au mariage, il semble qu'on aurait dû maintenir les libéralités entre fiancés. Cependant Ulpien ne le décide pas ainsi dans la loi 12 pr. *De jure dotium*. Une femme dans l'intention de faire une donation à son

(1) L. 3 § 1er. D., 32 § 24, D. (2) L. 7 C.

mari a estimé au-dessous de leur valeur réelle les biens qu'elle se constitue en dot; si l'estimation était valable, comme elle vaudrait vente, le mari n'aurait à restituer à la dissolution du mariage, que le prix d'estimation; mais le jurisconsulte voit dans cet acte une libéralité et pense en conséquence que la restitution devra porter sur les objets eux-mêmes et non sur la valeur déclarée par la femme. Après l'avoir ainsi décidé quand l'estimation a précédé le mariage, Ulpien étend sa décision au cas où elle l'a suivi, et il en donne pour raison que la libéralité qu'elle renferme étant faite en considération du mariage, reste à l'état de simple projet tant qu'il n'a pas eu lieu, et ne devient définitive que par sa formation.

Avant Justinien, la donation n'existait que par une obligation du donateur contractée dans les formes de la stipulation, ou par une translation immédiate de la propriété, au moyen d'une mancipation ou d'une tradition, suivant la nature des objets (1). Il fallait alors, pour la validité de la donation faite par l'un des futurs époux à l'autre, que l'acte juridique d'où dérivait le droit du donataire ait précédé le mariage.

La libéralité qui, bien que convenue avant sa consommation, n'acquerrait sa perfection qu'après qu'il avait été formé, tombait sous le coup de la nullité. Mais lorsque Justinien eut rendu le pacte de donation obligatoire entre toutes personnes, la libéralité échappa à la prohibition, par cela seul que le consentement des parties avait précédé le mariage ; la tradition put valablement n'avoir lieu qu'après.

Née avec le mariage, l'incapacité ne devait pas survivre à sa dissolution. Aussi, après le divorce, les époux pouvaient-ils valablement disposer l'un au profit de l'autre. Mais bien entendu la donation qu'ils se faisaient n'était respectée que

(1) Vatic. Frag. § 313.

si le divorce était sérieux (1). Il était toujours présumé tel, quand il avait été suivi d'un nouveau mariage, ou tout au moins lorsque la femme avait laissé s'écouler un temps assez long pour pouvoir contracter une autre union (2).

Ce n'était pas seulement entre les époux eux-mêmes que les donations étaient défendues ; la prohibition s'étendait aussi à tous ceux qui se trouvaient en communauté de patrimoine avec l'un d'eux ; elle atteignait tous les individus relevant de la même autorité que l'incapable (3); ainsi la femme ne pouvait donner ni aux enfants communs, ni à ceux que son mari avait d'un autre lit, s'ils étaient encore en la puissance de leur père. Toutefois, elle pouvait constituer une dot à sa fille encore *in patria potestate* ; parce que c'était l'époux de celle-ci qui devait recueillir les biens qui faisaient l'objet de la libéralité (4).

L'incapacité atteignait aussi soit le père de l'un des époux non encore affranchi de la puissance maternelle, soit ses frères et sœurs vivant sous la même dépendance, à cause de l'unité du patrimoine.

La prohibition introduite par la coutume ne concernait pas les donations faites par l'Empereur à l'Impératrice.

SECTION II.

DES LIBÉRALITÉS AUXQUELLES S'APPLIQUAIT LA PROHIBITION.

Pour que la donation fût comprise dans la prohibition, elle devait avoir pour effet d'appauvrir le donateur et d'enrichir le donataire. C'est ce qu'Ulpien exprime en ces termes: *Cum nihil de bonis erogatur, recte dicitur valere donationem. Ubicumque igitur non diminuit de facultatibus suis qui donavit, valet, vel etiam si diminuat, locupletior tamen non fit qui accepit, donatio valet* (5). Ainsi on validait, comme ne présentant pas le premier caractère, la répudiation d'une hérédité faite dans

(1) L. 35, D. (2) L. 64, D. (3) L. 3, § 2, D. (4) Frag. Vat. § 269. (5) L. 5, § 16, D.

l'intérêt du conjoint appelé à la recueillir à défaut du renonçant, en qualité de substitué; car, en droit romain, l'institué qui n'était pas l'*heres suus* du testateur, n'était pas de plein droit saisi des biens de la succession. Il était obligé de manifester sa volonté d'accepter (*aut adeundo aut pro herede gerendo*). Dès lors, toutes les fois qu'il renonçait, il manquait simplement d'acquérir. Or, Julien nous dit : « *Non pauperior fit qui non adquirit, sed qui de patrimonio suo deposuit* (1). » Si le mari renonçait à un legs auquel il était appelé conjointement avec sa femme, afin que celle-ci pût le recueillir en totalité, ou si, sachant qu'un tiers était dans l'intention de lui faire un legs ou de l'instituer héritier, il priait celui qui voulait ainsi disposer en sa faveur de désigner sa femme plutôt que lui dans le testament, on devrait, par suite du raisonnement que nous venons de faire, maintenir une telle libéralité (2).

On considérait aussi comme valable le don de la chose d'autrui fait au conjoint, lorsque le donateur n'était pas en position de l'usucaper lui-même. Car on ne pouvait pas voir une cause d'appauvrissement dans l'abandon qu'il faisait d'une chose dont il n'avait aucun espoir de devenir un jour propriétaire (3).

On a prétendu qu'il fallait aller plus loin et valider la donation de la chose d'autrui alors même que l'usucapion pourrait s'accomplir au profit du disposant. On s'est fondé sur ces mots de la loi 25 : *Pauperior maritus in suis rebus fit.* On a prétendu qu'il résultait de ces expressions qu'il fallait, pour l'application de la prohibition, que l'appauvrissement portât sur des biens dont la propriété appartenait actuellement au disposant. Or, celui qui usucapait une chose n'en était pas encore propriétaire, il était seulement en voie de le devenir. Si donc il en avait fait donation à sa femme, on ne pouvait pas dire qu'il devenait *pauperior* dans le sens de la

(1) L. 5, § 13, D. (2) L. 31, § 7, D. (3) L 25, D.

loi 25. Cet argument ne nous a pas convaincu. Sans doute celui qui usucapait n'était point encore propriétaire, mais les Romains le considéraient jusqu'à un certain point comme tel, et ce qui le prouve, c'est qu'ils lui accordaient une action en revendication utile, l'action Publicienne, et lui permettaient de constituer des hypothèques. N'est-il donc pas naturel de le regarder comme ayant déjà *in suis bonis* la chose qu'il possédait de bonne foi, et par conséquent de soumettre la donation qui l'avait pour objet à l'application de la prohibition. Le système que nous avons adopté permet de donner une explication satisfaisante du texte suivant de Pomponius: « *Si vir uxori, vel uxor viro rem donaverit, si aliena res data fuerit, verum est quod Trebatius putabat, si pauperior is qui donasset non fieret, usucapionem possidenti procedere* (1). » Ce texte permet à l'époux donataire de la chose d'autrui de l'usucaper, si la donation n'a pas appauvri le donateur, ce qui suppose qu'il y a un cas où le don d'une *res aliena* peut appauvrir celui qui en est l'auteur. Or, ce cas n'est-il pas nécessairement celui où le donateur pouvait espérer arriver un jour à la propriété.

Si l'époux chargé de restituer à son conjoint une hérédité fidéicommissaire, ne faisait pas la retenue autorisée à son profit, soit par le défunt, soit par le sénatus-consulte Pégasien, on considérait ce fait, non comme une donation prohibée, mais comme l'accomplissement d'un devoir de conscience (2).

La seconde condition pour que la donation entre époux fût nulle, c'est qu'elle eût pour effet d'enrichir le donataire. On déclarait donc valables comme ne présentant pas ce caractère : 1° la donation d'une chose destinée à être consacrée aux dieux ou à être employée à une œuvre d'utilité publique (3); 2° les libéralités faites par la femme au mari, afin que celui-ci pût être nommé sénateur ou chevalier, ou donner des jeux

<hr>

(1) L 3, Pro donato, D. (2) L 5, § 15, D. (3) L 5, § 12, D.

publics (1); 3° les donations consenties sans destination spéciale par le mari, lorsque la femme employait les sommes qu'elles comprenaient à subvenir aux dépenses qu'entraînait la nomination d'un de ses proches à une fonction publique, et on le décidait ainsi, quand même elle n'aurait fait qu'accomplir une obligation dont elle était tenue, ce qui l'aurait mis dans la nécessité de dépenser une partie de son patrimoine ou d'emprunter si elle n'avait point reçu de libéralité (2); 4° la donation d'un terrain destiné à la sépulture d'un parent du donataire, car ce terrain devenant religieux, n'entrait pas dans le patrimoine de celui à qui il était donné; mais le disposant ne cessait d'être propriétaire que du jour où l'inhumation avait lieu et il conservait le droit de revendiquer le fonds dont il s'était dessaisi, s'il ne recevait pas la destination à laquelle il était affecté (3). Lorsque la personne à la sépulture de laquelle le terrain était affecté était le donataire lui-même, il semble que la libéralité eût dû être déclarée caduque, comme n'étant pas susceptible de produire son effet du vivant de celui à qui elle était adressée (4). Mais Ulpien nous apprend qu'on s'était écarté ici du droit rigoureux et qu'on maintenait la donation : *Favorabiliter tamen dicitur locum religiosum fieri* (5); 5° la donation d'un esclave pour l'affranchir; mais la translation de propriété ne s'opérait qu'au moment de l'affranchissement et elle avait pour effet d'assurer au donataire les droits de patronage que l'on ne considérait pas comme un bien proprement dit (6). La donation d'un esclave qui ne pouvait être affranchi était nulle. 6° Le mari pouvait aussi donner une somme d'argent à sa femme pour qu'elle achetât des bijoux ou autres choses non susceptibles de l'enrichir, et la libéralité restait valable quoiqu'elle employât les deniers qu'elle avait reçus à payer ses dettes, si d'ailleurs elle achetait

(1) LL. 40, 41, 42, D. (2) L. 5, § 17, D. (3) L. 5, § 8, D.
(4) Gaï. Com. III, § 100. (5) L. 5, § 11, D. (6) L. 7, § 8 et 9, D.

ensuite les bijoux avec son propre argent. 7° On autorisait aussi le don d'une somme d'argent au conjoint pour rebâtir sa maison incendiée ; c'était là une disposition de faveur, car la libéralité permettant au donataire d'économiser les sommes qu'il aurait été obligé de débourser, si elle n'avait pas eu lieu, il est certain qu'elle l'enrichissait. Les jurisconsultes romains avaient sans doute voulu faciliter la reconstruction des édifices incendiés, *ne deformaretur urbis adspectus* (1). 8° Il faut aussi excepter de la prohibition les présents que les époux avaient l'habitude de se faire aux kalendes de mars et à l'anniversaire de leur naissance, pourvu qu'ils fussent modiques. 9° Les époux pouvaient se prêter mutuellement l'usage des choses qui leur appartenaient, par exemple de leurs esclaves ou de leur maison pour l'habiter. 10° Le mari débiteur de sa femme se libérait valablement vis-à-vis d'elle avant l'échéance ; la jouissance anticipée qu'il lui procurait ainsi n'était pas considérée comme une donation prohibée (2). La donation que faisait l'un des époux à l'autre, des revenus d'un immeuble lui appartenant, devait-elle être maintenue ? Cette question nous paraît avoir été discutée même entre les jurisconsultes romains. D'un côté Ulpien, rapportant l'avis de Julien, déclarait la donation de fruits aussi licite que celle d'intérêts (3). Marcellus, dans la loi 49, semblait décider le contraire. Enfin, d'après Pomponius, la donation était valable quant aux fruits industriels qui sont dûs aux soins du donataire et nulle quant aux fruits naturels (4).

Il est bien certain que l'abandon que faisait l'un des époux à l'autre, de la jouissance d'un de ses immeubles, avait pour effet d'appauvrir le premier et d'enrichir le second. Les deux caractères que doit avoir une libéralité, pour tomber sous le coup de la prohibition, se rencontraient donc ici. Aussi, rigoureusement, une telle donation aurait-elle dû être déclarée

(1) L. 14, D. (2) L. 31, § 6, D. (3) L. 17, D. (4) L. 46, de Fructibus et Usuris.

nulle ; mais la théorie d'Ulpien se justifie par cette raison, qu'entre époux *non amare tractandum est jus prohibitæ donationis,* raison qu'avait fait déclarer valable le paiement fait avant l'échéance par le mari débiteur de sa femme. On n'avait pas voulu qu'un des époux se dépouillât de son capital au profit de l'autre ; mais quant à ses revenus, on présumait que s'il ne les avait pas donnés, il les aurait dépensés autrement, et on en concluait que la libéralité qui les avait pour objet n'appauvrissait pas le donateur.

Le mari, sauf dans quelques cas spéciaux, ne pouvait pas restituer la dot avant la dissolution du mariage; il ne pouvait pas non plus remettre à sa femme les intérêts qu'elle produisait, ni la laisser jouir des biens dotaux, à moins qu'elle ne prît l'engagement de nourrir elle et les siens (1). Plusieurs auteurs ont vu là une conséquence de la défense faite aux époux de se donner pendant le mariage. Ils ont appuyé leur opinion sur la loi 28, *de pactis dotalibus,* qui décide que si les époux sont convenus pendant le mariage que l'un des créanciers de la femme serait payé avec les revenus des biens dotaux, ce pacte est nul, parce qu'il constitue une *mera donatio;* 2° sur une constitution de Théodore II et d'Honorius : « *Si constante matrimonio a marito uxori dos sine causa legitima refusa est (quod legibus stare non potest, quia donationis instar perspicitur obtinere) eadem uxore defuncta ab ejus hæredibus cum fructibus ex die refusæ dotis marito restituatur* (2). » Malgré ces deux textes, nous pensons que s'il n'était pas permis au mari de laisser jouir sa femme des biens dotaux, c'était pour un motif tout particulier ; ce qui le prouve, c'est que parmi les jurisconsultes, ceux-là même qui déclaraient valable entre époux la donation des fruits, se prononçaient pour la nullité de celle qui se composait des revenus des biens dotaux. Si le mari ne pouvait restituer la dot prématurément ou en abandonner la jouissance à sa femme, c'est, suivant nous, parce-

(1) L. 71, De jure Dotium : L. 20 De soluto matrimonio; L. 21, § 1, D.
(2) Loi unique : Si constante matrimonio dos soluta fuerit.

que ces revenus avaient une destination spéciale dont ils ne pouvaient être détournés, celle de subvenir aux charges du mariage. Le caractère même de la dot s'opposait à une restitution anticipée : « *Dotis causa*, disait Paul, *est perpetua, et cum voto ejus qui dat contrahitur ut semper apud maritum sit* (1).»

La dot pouvait être constituée ou augmentée après le mariage (2). Mais cette constitution ou cette augmentation de dot n'était pas considérée comme une donation, parce que d'une part le mari devait rendre le capital à la dissolution du mariage et que, d'autre part, la femme était appelée à profiter des revenus, puisqu'ils étaient affectés aux besoins communs. C'est ce qui faisait dire aux jurisconsultes romains : *Quamvis in bonis mariti dos sit, mulieris tamen est* (3). Dans l'ancien droit, la dot *adventice*, quand le constituant n'en avait pas stipulé la reprise, restait au mari s'il survivait à sa femme. Elle se résolvait alors en une véritable donation pour ce dernier ; mais comme elle ne pouvait se réaliser qu'à une époque où le mariage avait cessé d'exister, elle échappait à la prohibition pour le même motif que les libéralités testamentaires.

La donation *propter nuptias*, qui n'apparut avec des règles particulières qu'en 449, était comme le pendant de la dot ; elle était constituée à la femme soit par un tiers, soit le plus souvent par le mari ; ce n'est que depuis Justin et Justinien, qu'elle put être augmentée ou diminuée pendant le mariage. Mais cette donation, étant comme une garantie de la dot, participait à sa nature et n'était pas rangée parmi les donations prohibées.

Lorsque la libéralité faite par l'un des époux à l'autre ne devait produire son effet qu'après la dissolution du mariage, elle n'était point comprise dans la prohibition; de là résul-

---

(1) L. 1, De Jure Dotium, D.
(2) Sentences de Paul, liv. 11, titr. 21, § 1er; L 4. De Jure Dotium. D.
(3) L. 75, De Jure Dotium. D.

tait la validité des libéralités testamentaires et des donations *mortis causa, divortii causa, exsilii causa.*

Libéralités testamentaires. — Les libéralités testamentaires devaient être permises entre époux, car, d'une part, elles n'appauvrissaient pas le donateur de son vivant, et ne préjudiciaient qu'à ses héritiers, et d'autre part elles n'enrichissaient le donataire qu'à une époque où le mariage avait cessé d'exister.

Du reste, une des principales causes qui avait fait défendre les donations entre conjoints, le désir de les prémunir contre les conséquences d'une générosité à laquelle ils pourraient se laisser entraîner sans réflexion, ne s'appliquait pas aux dispositions testamentaires qui n'offraient point de danger, puisque le testateur est toujours libre de les révoquer, s'il se repent de les avoir faites.

La faculté de disposer entre époux par testament fut restreinte par les lois Julia et Pappia-Poppœa rendues sous Auguste, la première en 757 de Rome, et la seconde en 762. On sait dans quelle triste situation se trouvait l'empire au sortir des luttes intestines qui l'avaient déchiré et des guerres qu'il avait soutenues au dehors. Dans les villes et dans les campagnes, la population avait diminué dans des proportions effrayantes. En même temps, à la suite de la corruption qui avait envahi la société romaine, l'institution du mariage était tombée dans le mépris. C'est alors que, pour arrêter les progrès du mal, Auguste rendit les lois Caducaires, qui eurent pour but d'encourager les citoyens au mariage et à la procréation des enfants. Ces lois déclaraient incapables de recevoir aucune portion des libéralités testamentaires qui leur seraient faites, les *Cœlibes* ou gens qui ne seraient point mariés dans la période qu'elles déterminaient, et ne permettaient de recueillir que la moitié de ces mêmes dispositions aux *Orbi,* c'est-à-dire aux personnes mariées qui n'avaient pas d'enfants (1). La capacité respective des époux *orbi* était

(1) Gaius, Comm. II, § 286.

encore plus restreinte que celle dont ils jouissaient dans leurs rapports avec les tiers ; chacun d'eux ne pouvait recevoir de son conjoint, *matrimonii nomine*, qu'un dixième en propriété, plus l'usufruit du tiers des biens dont il était privé (1). Cette incapacité partielle diminuait dans certaines circonstances et cessait même entièrement dans d'autres ; dans ce dernier cas, on disait que les époux jouissaient de la *solidi capacitas*. La quotité qui pouvait être laissée par testament au conjoint, recevait une augmentation d'un dixième pour chaque enfant commun mort après le jour où ses noms lui avaient été donnés, et pour chaque enfant d'un premier lit vivant au jour de l'ouverture des Tables du testament (2).

La *solidi capacitas* avait lieu dans onze cas : 1° Quand l'époux laissait neuf enfants ou davantage d'une précédente union ; 2° quand il avait eu trois enfants communs morts après le jour où ils avaient reçu leurs noms ; 3° quand il avait eu deux enfants communs morts à l'âge de trois ans ; 4° quand il avait eu un enfant commun mort pubère ; 5° quand il avait eu un enfant commun mort impubère, mais dans les derniers dix-huit mois ; 6° quand il naissait un enfant commun dans les dix mois de la mort du mari ; 7° quand l'orbitas avait pour cause l'absence du mari pour le service public ; 8° quand les époux étaient en même temps cognats au sixième degré ; 9° quand ils n'avaient pas encore l'âge auquel la loi exigeait des enfants ; 10° quand le mari avait plus de soixante ans et la femme plus de cinquante ; 11° quand les époux avaient obtenu le *jus liberorum* (3). Il pouvait arriver que bien qu'on se trouvât dans l'une des hypothèses précédentes, les époux ne pussent rien recevoir l'un de l'autre. C'est ce qui avait lieu lorsque le mariage avait été contracté contrairement aux prescriptions des lois cadu-

---

(1) Ulp. Reg xv, De decimis, § Præter. (2) Ulp. Reg. xv, § Quod si.

(3) Ulp. Reg, De solidi capacitate int. vir. et ux., xvi.

caires ; si, par exemple, un sénateur avait épousé une affranchie. Honorius et Théodore II abolirent complétement les lois caducaires (1).

Donations à cause de mort. — De même que les dispositions testamentaires, les donations à cause de mort furent aussi permises entre époux, comme ne devant produire leur effet qu'après la dissolution du mariage. Elles furent également soumises aux restrictions apportées par les lois caducaires.

Entre étrangers, la donation à cause de mort pouvait être faite de deux manières : tantôt le donateur livrait la chose qui en faisait l'objet, en renvoyant au moment de son décès la transmission de propriété, tantôt il consentait à ce que la tradition rendît immédiatement le donataire propriétaire, sous cette condition que son droit serait résolu , s'il lui survivait ou s'il échappait au danger qu'il redoutait. La donation à cause de mort pouvait-elle entre époux affecter l'une ou l'autre de ces formes ? Il est incontestable qu'elle ne pouvait être faite sous condition résolutoire, car la prohibition s'opposait à ce que le donataire pût devenir propriétaire dès l'instant de la tradition. Inversement, il ne nous paraît pas douteux que le droit du donataire pût être subordonné à la condition suspensive qu'il survivrait au disposant. Mais, dans ce cas, la condition se réalisant; c'est-à-dire le donateur prédécédant, l'acquisition de la propriété avait-elle ou non un effet rétroactif au jour du contrat. Nous pensons que rien ne s'opposait à la rétroactivité, si elle paraissait conforme à la volonté du disposant.

Un texte de Papinien est très-formel à cet égard : *Si mortis causâ inter virum et uxorem donatio facta sit morte secuta, reducitur ad id tempus donatio quo interposita fuerit* (2). On oppose, il est vrai, un texte d'Ulpion : *Sed interim res non statim fiunt ejus cui donatæ sunt, sed tum demum cum mors secuta est; medio igitur tempore dominium remanet apud eum qui donavit* (3).

(1) L. 2, De infirm. pœnis cœlibatus, Cod. J.
(2) L. 40, De mortis causâ donationibus. (3), L. 11 pr. D.

Mais ce que le jurisconsulte nous paraît simplement avoir voulu proscrire, c'est la transmission immédiate d'un droit de propriété résoluble par le prédécès du donataire. Du reste, il suffit de continuer la lecture du texte pour se convaincre qu'Ulpien n'entendait pas refuser à l'acquisition de la propriété un effet rétroactif, en cas de prédécès du donateur. Le § I de la même loi s'exprime en ces termes : *Sed quod dicitur mortis causâ donationem valere inter virum et uxorem, ita verum est ut non solum ea donatio valeat quæ hoc animo fit ut tum res fiat uxoris vel mariti cum mors insequetur, sed omnis mortis causa donatio* (1). En effet, de ce texte, il résulte que, dans la pensée d'Ulpien, une donation entre époux pouvait être valable, bien qu'elle ne rendît pas le donataire propriétaire seulement du jour du décès. Or, la donation à laquelle il fait allusion par ces mots : *omnis mortis causâ donatio*, ne pouvant être celle qui transfère immédiatement la propriété sous condition résolutoire, puisque nous savons que les principes s'opposaient à sa validité, ne peut être que celle où la transmission de propriété étant remise au décès du disposant, passe à ce moment au donataire avec un effet rétroactif. Du reste, le § 9 du même texte ne peut laisser aucun doute à cet égard ; en effet, après avoir dit que la tradition faite, du vivant du mari, par la femme à un tiers, d'une chose qui lui avait été donnée *mortis causâ*, ne produisait aucun effet, parce qu'elle n'en était pas propriétaire, il ajoute : *Plane in quibus casibus placeat retroagi donationem etiam sequens traditio a muliere facta in pendenti habebitur* (2). Enfin la loi 21, réglant le sort d'une stipulation consentie par un esclave qu'un mari avait donné à sa femme *mortis causâ*, rend une décision qui suppose que l'acquisition de la propriété pouvait avoir un effet rétroactif.

Du reste, il faut observer que la rétroactivité n'avait pas lieu quand elle aurait abouti à un résultat qui serait con-

(1) L. 11, § 1, D. (2) 11, § 9, D.

traire à la volonté du disposant, ce qui aurait lieu, par exemple, dans l'hypothèse suivante : Un mari fait une donation *mortis causa* à sa femme encore soumise à la puissance paternelle; si quand il meurt elle est *sui juris*, la rétroactivité aurait pour effet d'attribuer au père de famille l'émolument de la libéralité, que certainement l'époux avait destiné à sa femme elle-même. Aussi le paragraphe 3 de la loi 11 décide-t-il qu'elle n'avait pas lieu. Les paragraphes 2, 4, 6 de la même loi donnent la même solution dans des cas analogues.

Donations divortii causa. — A Rome le divorce n'était pas toujours provoqué par l'aversion réciproque des époux, ou par une faute dont l'un se serait rendu coupable envers l'autre. Il était souvent dû à certaines causes qui ne faisaient supposer aucune animosité entre les conjoints, telles que l'état de maladie ou la vieillesse de l'un d'eux.

On disait dans ce cas que le divorce avait lieu *bona gratia* (1). Il était alors d'usage que celui qui voulait rompre le lien conjugal fît une donation à son conjoint pour l'indemniser, en quelque sorte, de la douleur qu'il devait éprouver de la séparation qui lui était imposée (2). La donation *divortii causa* devait échapper à la prohibition, puisque, de même que la donation à cause de mort, elle ne produisait son effet qu'à une époque où le mariage avait cessé d'exister. Il suit de là qu'elle n'était point valable, si au lieu d'être faite au moment même du divorce, elle n'était consentie qu'en vue d'un divorce futur (3); il est évident aussi qu'on devait la déclarer nulle, s'il apparaissait que le divorce n'était point sérieux, et que les parties n'y avaient recouru que pour échapper à l'incapacité dont ils étaient frappés.

Donations exsilii causa. — Le jurisconsulte a-t-il voulu parler d'une donation faite par l'époux exilé à son conjoint, ou

______

(1) L. 62, pr. D. (2) L. 11, § 11; L. 60, § 1er, D. (3) L. 12, D.

d'une donation faite par ce dernier à l'exilé? La question est controversée. Ceux qui adoptent la première interprétation font le raisonnement suivant : Le mariage n'était point dissous par la déportation, mais elle constituait certainement une cause de divorce. N'était-il pas juste que celui qui consentait à maintenir le lien conjugal malgré l'indignité de son conjoint, pût recevoir la récompense de sa fidélité ; n'y avait-il pas là un motif suffisant pour déroger à la règle que la déportation entraîne la confiscation de tous les biens du condamné? Ce système se trouve, dit-on, confirmé par le paragraphe 1, de la loi 13 d'Ulpien qui nous apprend que la donation du mari à la femme n'était point révoquée par la condamnation du mari à la déportation. Nous pensons qu'il s'agit au contraire d'une donation faite à l'exilé. En effet, la condamnation à la déportation fait perdre le droit de cité. Or, la perte de la *civitas* entraîne la confiscation des biens (1). L'exilé ne peut donc pas disposer de biens qui ne lui appartiennent plus, et nous pensons que durant la période dont nous nous occupons, cette règle ne souffrait aucune exception; ce qui le prouve c'est que, dans la loi 24,5-16 C., *in fine*, qui décide que les donations faites à la femme ne seront pas révoquées par la condamnation du mari à la déportation, l'Empereur Constantin semble vouloir introduire une innovation, puisqu'il termine en ces termes : « *Fisco nostro ad easdem res nullam* IN POSTERUM *communionem habituro.* » Ce qui fait bien supposer qu'auparavant une telle donation profitait au fisc. Du reste, l'opinion à laquelle nous nous sommes rangés se recommande par son humanité ; car la condamnation réduisant l'époux qui la subit à la misère, on devait l'autoriser à recevoir de son conjoint de quoi subvenir à ses besoins. Nous savons, du reste, que les lois romaines favorisaient les libéralités qui s'adressaient aux personnes exilées. C'est ainsi que, par dérogation au droit commun, la femme pouvait

(1) L. 1 pr. *De bonis Damnatorum.*

demander la restitution anticipée de sa dot pour venir au secours de son père exilé. (1)

Les donations indirectes n'échappaient point à la nullité : nous aurons à y revenir en traitant de la sanction de la prohibition. Il pouvait arriver que la donation faite à l'époux fût combinée avec un contrat à titre onéreux fait avec un tiers, ou que la libéralité s'adressât à l'époux en même temps qu'à un étranger. Si l'on pouvait séparer les deux dispositions on annulait celle qui concernait l'époux et on maintenait l'autre ; si leur séparation était impossible, par faveur, on les maintenait toutes deux (2).

CHAPITRE III.

DES EFFETS DE LA PROHIBITION.

Les donations consenties au mépris de la prohibition étaient radicalement nulles. Pour étudier les effets de la nullité dont elles étaient frappées nous examinerons séparément les donations qui avaient été accompagnées de tradition celles qui ne consistaient qu'en une promesse, et les libéralités indirectes.

1° *Donations par voie de tradition.* — La tradition ne transférait aucune propriété à l'époux donataire ; aussi le donateur resté propriétaire pouvait-il agir en revendication sans que son conjoint pût jamais lui opposer une usucapion que l'absence d'une *justa causa* rendait impossible. Si donc une femme avait reçu de son mari un terrain sur lequel elle bâtissait ensuite une maison, le disposant pouvait revendiquer le sol et l'édifice sous la seule condition de rembourser à sa femme les frais de construction (3).

Si la femme avait bâti sur un terrain dont elle avait la propriété avec les matériaux que lui avait donnés son mari,

____

(1) L. 73, § 1, *De Jure dotium.* (2) L. 5, § 2. (3) L. 31, § 2, D.

celui-ci pouvait-il revendiquer ? L'affirmative était soutenue par Nératius qui refusait d'appliquer ici le principe de la loi des douze tables : « *Tignum junctum œdibus ne solvito.* » en se fondant sur ce que les auteurs de cette loi n'avaient point dû prévoir le cas où les matériaux auraient été employés avec le consentement du propriétaire. Mais n'est-il pas évident que si le propriétaire qui a ignoré l'emploi qu'un tiers a fait de ses matériaux a perdu le droit de les revendiquer, à plus forte raison doit-il en être ainsi de celui qui a donné son consentement à la construction de l'édifice. Aussi non-seulement Paul ne permettait-il la *rei vindicatio* qu'en cas de démolition du bâtiment, mais allait-il jusqu'à refuser au donateur l'action *in duplum de tigno juncto*, parce que les matériaux n'avaient pas été volés : *non enim furtivum est quod sciente domino inclusum est* (1). Toutefois la revendication des matériaux était permise quand le mari pouvait les retirer sans endommager le bâtiment : le sénatus-consulte d'Adrien n'était pas violé, car ce qu'il défendait c'était uniquement l'enlèvement des matériaux pour en faire le commerce (2). Lorsque la revendication était impossible, nous pensons qu'on ne devait pas refuser la *condictio* au maître des matériaux.

La *rei vindicatio* pouvait être exercée contre les tiers acquéreurs de l'objet donné. Mais ceux-ci pouvaient se prévaloir d'une usucapion accomplie à leur profit. En principe, le défendeur à la revendication qui refusait de restituer la chose s'exposait à une condamnation qui pouvait être fort onéreuse pour lui, puisque le montant en était déterminé par le demandeur lui-même, sous la seule condition de son serment. Paul nous apprend que cette rigoureuse disposition ne concernait point le défendeur qui était le conjoint du revendiquant. L'application du droit commun avait sans doute paru contraire à la bienveillance qui doit présider aux

<hr>

(1) L. 63, D. (2) L. 45, D.

rapports des époux entre eux. La loi 36 décidait en conséquence que, dans ce cas, le donateur devait se contenter de l'estimation de la chose donnée. Il était en outre considéré comme le vendeur de l'objet dont il n'avait pu obtenir la restitution, ce qui l'obligeait à garantir son conjoint, réputé acheteur, contre toute éviction qu'il pourrait subir. Mais tandis que dans les ventes ordinaires, la somme stipulée par l'acheteur était ordinairement du double du prix d'acquisition, la *cautio* imposée à l'époux donateur se restreignait au simple (1).

Le donateur n'ayant jamais cessé d'être propriétaire, c'était lui qui devait supporter la perte des biens donnés, lorsqu'elle était le résultat d'un cas fortuit (2). Mais si c'était par suite d'un dol pratiqué par la femme que l'objet avait péri, le disposant pouvait agir contre elle, soit par l'action *ad exhibendum*, soit par l'action *damni injuriæ* (3). Dans toute autre circonstance, lorsque l'époux donataire avait disposé des biens qu'il avait reçus, et en avait retiré quelque profit, le donateur avait contre lui la *condictio* jusqu'à concurrence de ce dont il se trouvait enrichi par l'effet de la libéralité au moment de la *litis contestatio* (4). Etudions le cas où la *condictio* avait lieu le plus fréquemment, celui où la donation consistant en une somme d'argent, la *rei vindicatio* n'était plus possible par suite de la confusion qui s'était opérée entre les deniers que recevait le donataire et ceux qui lui appartenaient déjà à cette époque. Si aucun emploi n'avait encore été fait de cette somme, le donateur se la faisait restituer en totalité. Il n'avait au contraire aucune action, si elle avait été entièrement dissipée, sans que le donataire en ait recueilli le moindre avantage. Si ce dernier avait fait une acquisition avec l'argent provenant de la donation, il pouvait être actionné jusqu'à concurrence de la valeur qu'avait l'objet acquis au jour de la *litis contestatio*.

(1) 36, pr. D. (2) L. 28, pr. (3) L. 37, D. (4) L. 7, pr. D.

Mais si à ce moment la valeur de cet objet était supérieure à celle de la somme donnée, c'est seulement cette dernière que pouvait réclamer le donateur. L'application de ce principe se rencontre dans plusieurs textes. Ainsi la loi 28, paragraphe 3, dit que si une femme ayant reçu dix écus de son mari en a acheté un esclave qui en vaut cinq, c'est cinq écus seulement qu'elle devra rendre, et que si l'esclave valait quinze écus, elle n'aurait à en restituer que dix. La loi 29 décide que si la femme, après avoir vendu l'esclave qu'elle avait acquis avec les deniers que lui avait donnés son mari, en achetait un autre avec le prix provenant de la vente du premier, celui qu'elle aurait acquis en dernier lieu serait aux risques du mari. C'était là une exception apportée dans l'intérêt de l'époux donataire au principe que celui qui était tenu *quatenus locupletior factus erat*, ne pouvait se libérer en prétendant que le profit qu'il avait réalisé avait disparu par suite de l'emploi infructueux qu'il en avait fait : « *Si ipsa res quæ ad alium pervenit interiit, non esse locupletiorem dicemus. Sin vero in pecuniam aliamve rem conversa sit, nihil amplius quærendum est quis exitus sit, sed omnimodo locuples factus videtur, licet postea deperdat* (1). Si une femme avait acheté un fonds de terre pour cent cinquante écus, dont les 2/3 auraient été fournis par le mari et que ce fonds ne se soit plus trouvé valoir que cent écus au jour de la *litis contestatio*, c'est uniquement les deux tiers de cette somme que pouvait réclamer le mari ; la perte était ainsi supportée par les deux conjoints. Si la femme ayant fait une acquisition, le mari payait au vendeur ce dont elle était débitrice, la répétition pouvait comprendre la somme entière, car il n'est pas douteux, dans ce cas, que la donation ait enrichi la femme, puisque si le mari n'avait pas désintéressé le vendeur, elle aurait été obligée de le payer elle-même avec son propre argent (2). L'insolvabilité du donataire qui était encore

(1) L. 18. Quod metus causa gestum est. (2) L. 7, § 7, L. 50, pr. D.

propriétaire de la chose acquise avec les deniers que lui avait donnés son conjoint, n'empêchait pas qu'il ne pût être considéré comme devenu *locupletior* par le fait de la donation, et ne fût tenu en conséquence de la *condictio*, jusqu'à concurrence de la valeur de l'objet acheté (1). C'est qu'en effet, l'acquisition qu'il avait faite lui avait procuré une ressource qui améliorait sa position en diminuant le degré de son insolvabilité. Enfin, le jurisconsulte Paul allait plus loin. Dans le but de soustraire la femme à la loi du concours à laquelle la soumettrait l'insolvabilité du mari, il lui accordait l'action *in rem utilis*, qui lui permettait de revendiquer les objets achetés avec les deniers provenant de la donation qu'elle lui avait faite (2).

En cas de libéralités réciproques, il y avait lieu à compensation jusqu'à concurrence de la plus faible.

Celui qui avait dissipé les biens dont il avait été gratifié, ne pouvait se prévaloir de cette circonstance pour écarter la compensation que lui opposait son conjoint (3). Enfin, le mari donateur pouvait, lorsqu'il était actionné en restitution de la dot, retenir une valeur égale à celle des biens qu'il avait donnés à sa femme (*Retentio propter res donatas*).

Donations par promesse. — La stipulation par laquelle l'un des époux avait contracté une obligation vis-à-vis de l'autre, ne donnait aucune action à ce dernier. La créance que l'un des époux pouvait avoir contre l'autre n'était point éteinte par l'acceptilation faite par celui qui était créancier. Si le mari ayant pour débiteurs solidaires sa femme et un tiers, faisait à ce dernier remise de la dette par acceptilation, il était seul libéré ; l'obligation de la femme subsistait (4). La délégation que le mari faisait à celle-ci de l'un de ses débiteurs, ou l'expromission qu'une femme consentait dans l'intention de libérer son mari, étaient de nul effet (5).

Celui qui payait à la femme ce dont il se trouvait débiteur

(1) 58 D. (2) L. 55 D. (3) L. 7, § 2, D. (4) L. 5, § 1, D. (5) L. 5, § 3 et 4, D.

envers le mari, sur l'ordre que lui en avait donné celui-ci, était-il libéré par un tel paiement? Africain, dans la loi 38, § 1, *De solutionibus*, répondait négativement; seulement, il permettait au débiteur poursuivi par le mari d'opposer l'exception de dol à ce dernier, s'il ne consentait à lui céder l'action qu'il avait contre la femme, c'est-à-dire la *rei vindicatio* ou la *condictio*, suivant les cas. Mais Ulpien ne partageait pas cet avis. D'après lui, le débiteur était libéré et le mari devenait propriétaire des écus dont il pouvait demander la restitution à sa femme. Tout d'abord, il paraît difficile d'admettre que le mari ait pu acquérir la propriété de deniers qu'il n'avait pas touchés. Mais le jurisconsulte justifie ce résultat par le raisonnement suivant : Si la donation n'était pas interdite entre époux, rigoureusement deux opérations auraient été nécessaires pour sa perfection; il eût fallu, d'une part, que le débiteur remette les deniers au mari et, d'autre part, que celui-ci les remette à sa femme. Sans doute, dans un but de célérité, le débiteur se serait borné à effectuer le paiement entre les mains de la femme sur l'ordre qu'il en aurait reçu du mari, son créancier. Mais cet acte, simple en apparence, aurait renfermé en réalité les deux traditions successives dont nous venons de parler. Or, c'est la première qui aurait libéré le débiteur; quant à la seconde, elle ne l'aurait point concerné. Il est évident que la prohibition de se donner, dont étaient frappés les époux, ne devait entraîner la nullité que de la seconde des deux aliénations que renferme la remise faite par le débiteur à la femme ; la première devait rester valable ; le créancier avait donc pu devenir propriétaire en vertu de celle-ci, et le débiteur se trouver ainsi libéré (1).

Donations indirectes. — La nullité qui atteignait les donations entre époux frappait aussi celles qui cherchaient à se dissimuler sous l'apparence d'un contrat à titre onéreux.

(1) L. 3, § 12, D.

En principe, les jurisconsultes déclaraient valable la vente entre époux et la tenaient pour telle, même quand l'objet avait été vendu au-dessous de sa valeur réelle, si d'ailleurs le vendeur n'avait pas agi *animo donandi*.

Mais s'il apparaissait qu'il ait eu l'intention de faire une libéralité, Julien pensait que la vente devait être déclarée nulle ; d'un autre côté, Ulpien nous apprend que Nératius faisait une distinction. D'après ce jurisconsulte, si la vente n'avait d'autre but que de déguiser une pure donation, on devait la tenir pour non-avenue ; elle était, suivant son expression, *nullius momenti* ; mais si elle était sérieuse, et si l'époux aliénateur s'était borné à faire remise à son conjoint d'une partie du prix, il ne déclarait nulle que cette remise ; quant à la vente, il la maintenait et permettait au vendeur d'exiger de l'acheteur même la portion du prix dont il lui avait fait remise jusqu'à concurrence du profit qu'il pouvait en avoir retiré. *Itaque si res quindecim venit, quinque, nunc autem sit decem, quinque tantum præstandæ sunt, quia in hoc videtur locupletior facta* (1).

La société que les époux auraient formée pour déguiser une donation que l'un d'eux voudrait faire à l'autre, aurait été nulle par application du droit commun qui ne permettait pas la validité d'un tel contrat, *donationis causâ*, même entre étrangers (2).

On n'admettait pas non plus qu'un époux pût conserver le bénéfice que lui aurait procuré la negligence calculée de son conjoint. Ainsi, on tenait pour nul l'avantage que retirait la femme d'une condamnation prononcée à son profit contre son mari, qui n'avait succombé que faute d'avoir opposé une exception dont il aurait pu se prévaloir (3). De même si le mari, dans le but de faire une donation à sa femme, avait laissé s'éteindre par le non usage la servitude qu'il avait sur le fonds de celle-ci, il pouvait, après le divorce, la faire reconstituer au moyen d'une *condictio sine causâ* (4).

(1) L. 5, § 5. (2) L. 32, § 24 ;--L. 5, § 2, *pro socio*. (3) L. 5, § 7. (4) L. 5, § 6.

Nous arrivons à une question délicate. Un bien appartenant au mari a été donné à la femme ; celle-ci peut-elle en devenir propriétaire par usucapion ?

Il est évident d'abord qu'on ne doit point supposer que la donation émane du mari lui-même ; car, s'il en était ainsi, l'usucapion ne pourrait s'accomplir faute de *justa causa*. Il faut donc nous placer dans l'hypothèse où la libéralité est le fait d'un tiers. C'est dans un texte de Nératius, la loi 44, que la question se trouve résolue. La première phrase ne soulève aucune difficulté : *Si extraneus rem viri ignorans ejus esse, ignoranti uxori; ac ne viro quidem sciente suam esse donaverit, mulier eam recte usucapiet.* On suppose que le donateur, le mari et la femme ignorent tous le nom du propriétaire. Dans ce cas rien ne fait obstacle à l'usucapion. Reste la phrase suivante qui a été diversement ponctuée par les interprètes.

Voici d'abord le texte avec la ponctuation que lui donnent les manuscrits des Pandectes : *Si vir rescierit suam rem esse priusquam usucapiatur, vindicareque eam poterit, nec volet, et hoc et mulier noverit, interrumpetur possessio : quia transiit in causam ab eo factæ donationis ipsius mulieris scientia : proprius est nullum adquisitioni dominii ejus adferat impedimentum : non enim omnimodo uxores ex bonis virorum, sed ex causà donationis ab ipsis factæ adquirere prohibitæ sunt.* On a prétendu qu'ainsi ponctué, le texte renfermait une contradiction. En effet, immédiatement après avoir dit en termes formels que si le mari découvrait qu'il est propriétaire des biens qui ont été donnés à sa femme, et si celle-ci venait aussi à connaître le droit de son mari, la possession serait interrompue et, par suite, l'usucapion empêchée, le jurisconsulte ajouterait : La connaissance qu'ont acquise les deux époux du droit du mari, n'apporte aucun obstacle à l'usucapion. Comme il est impossible d'admettre que Nératius ait voulu contredire, dans la seconde partie de la phrase, ce qu'il avait affirmé dans la première, on doit nécessairement penser que le texte ne nous est parvenu qu'altéré, au moins dans sa ponctuation. Quant à nous, notre opinion est que la contradiction qu'on prétend trouver dans le fragment 44, tel que le donnent les manuscrits des Pandectes, n'existe pas nécessairement.

Ne peut-on pas admettre que Neratius, après avoir exposé le droit en vigueur et la raison sur laquelle il s'appuie *(quia transiit, etc.)*, ait voulu nous faire connaître son opinion personnelle, celle qui lui semblait la plus logique? Le comparatif *propius* favorise cette interprétation qui a l'avantage, très-grand selon nous, de laisser intact le texte et de ne point lui faire subir des modifications plus ou moins arbitraires. On arrive dans ce système à paraphraser d'une manière très-raisonnable la pensée de Neratius : « Si le mari apprend qu'il
» est propriétaire, et que ce fait arrive aussi à la connais-
» sance de la femme, on décide en général que le cours de
» l'usucapion est interrompu, et on en donne pour raison
» que la donation entre étrangers s'est trouvée ainsi con-
» vertie en donation entre époux. Mais cette raison est insuf-
» fisante pour justifier le système en vigueur.

» Il serait plus logique de laisser s'accomplir l'usucapion
» parce que, ce que la loi défend à la femme, ce n'est pas
» d'acquérir des biens du mari, mais seulement de recevoir
» de lui à titre de donation. »

Cependant cette manière de voir n'est point, avons-nous dit, professée par les auteurs. Il en est qui mettent un point d'interrogation après le mot *scientia*, et qui traduisent ainsi :
« Mais si le mari a su que la chose lui appartenait, qu'il ait
» pu et n'ait pas voulu la revendiquer, si, d'un autre côté,
» ce même fait est arrivé à la connaissance de la femme, la
» possession sera-t-elle interrompue parce que cette con-
» naissance aura transformé la donation entre étrangers en
» donation entre époux? Il paraît qu'il est plus vrai de dire
» qu'elle n'apporte aucun obstacle au cours de l'usucapion,
» car......, etc. » M. de Savigny met un point après *donationis* et traduit ainsi : « Mais si le mari a su........., la
» possession sera interrompue. Il est assez exact de dire que

» la connaissance qu'aura acquise la femme seule du droit de
» son mari ne l'empêchera pas d'usucaper, car......, etc. »
S'il fallait nécessairement opter pour l'un ou l'autre de ces
deux systèmes, celui de M. de Savigny nous semblerait préférable. En effet, dans l'opinion qui veut qu'on mette un
point d'interrogation après *scientia,* la raison qui fait hési-
ter le jurisconsulte à admettre la possibilité de l'usucapion,
c'est la connaissance qu'a acquise la femme du droit de son
mari, et si ce fait pouvait être un obstacle à l'usucapion, ce
n'est pas parce que la femme serait devenue de mauvaise foi,
puisque la bonne foi n'est exigée qu'au début de la possession, mais bien parce qu'elle posséderait en vertu d'une
causa injusta. Or, pour que, dans l'espèce, elle possédât en
vertu d'une *causa injusta,* il faudrait que le titre en vertu
duquel elle détient les biens qu'elle a reçus eût été converti
en donation entre époux, ce qui ne pourrait avoir lieu
que par la connaissance qu'auraient acquis du droit
du mari, et le mari lui-même et sa femme; donc, ce
qui pourrait faire douter le jurisconsulte de la possibilité
de l'usucapion, ce serait non pas *scientia mulieris,* mais
scientia mariti et mulieris, la raison de douter eût été in-
diquée en ces termes : *Quia transiit in causam ab eo factæ
donationis mulieris et mariti scientiâ.* Le système de Savigny
s'explique, au contraire, facilement. Le droit du mari vient-
il à être connu du mari lui-même et de sa femme, la
donation entre étrangers, par l'effet d'une sorte de tradition
brevi manu, se transforme en donation entre époux. Le mari
est censé avoir repris sa chose et en avoir fait de nouveau
tradition à sa femme. Dans cette hypothèse, celle-ci possé-
dant *ex injusta causa,* l'usucapion est impossible. La femme
seule apprend-elle que l'objet dont elle a été gratifiée est à
son mari, elle ne détient pas *ex injusta causa,* puisque la donation primitive n'a pu être convertie en donation entre
époux, par suite de l'ignorance où se trouve le mari de sa
qualité de propriétaire. On ne peut supposer, en effet, que

le mari ait entendu *donner* à sa femme une chose sur laquelle il ne croit avoir aucun droit. L'usucapion est donc possible. Ajoutons que le texte des Basiliques, qui donnait une sorte de sommaire de la compilation justinienne, distinguait nettement dans le texte de Neratius les deux hypothèses que prévoit Savigny.

Ainsi, en acceptant cette dernière explication, le seul cas que ne règlerait pas la loi 44 serait celui où le mari apprendrait seul qu'il est propriétaire des biens que sa femme possède de bonne foi et s'abstiendrait de les revendiquer. Il est certain, du reste, que l'usucapion pourrait alors s'accomplir, puisque la femme aurait juste titre et bonne foi. Mais le mari pourrait-il détruire l'effet de cette usucapion par une *condictio* comme il pourrait obtenir le rétablissement d'une servitude qu'il aurait laissée s'éteindre par le non usage. M. de Savigny admet la négative ; il ne serait point juste de dépouiller la femme de la propriété d'une chose sur laquelle elle avait dû compter. S'il en est autrement dans le cas où une servitude a été éteinte par le non usage, c'est qu'alors, à l'inaction du mari n'est pas venue se joindre la possession *animo domini* de la femme.

CHAPITRE III.

PÉRIODE POSTÉRIEURE AU SÉNATUS-CONSULTE DE CARACALLA.

SECTION PREMIÈRE.

Les règles qui régissaient les donations entre époux furent considérablement modifiées par un sénatus-consulte rendu au commencement du IIIe siècle (an 206 après J.-C.). Il est attribué par les uns à Septime Sévère, et par les autres à Caracalla, son fils ; d'autres enfin ont pensé qu'il y en avait eu deux, rendus l'un sous le premier de ces empereurs, l'autre sous le second. Mais l'inexactitude de cette dernière opinion est démontrée par la loi 3, au Code où Caracalla parle de la constitution de son père et de lui, comme confirmant les donations faites par la femme au mari pendant le mariage.

Si certains textes attribuent le sénatus-consulte à Sévère (1), tandis que d'autres le rapportent à Caracalla (2), c'est qu'il fut rendu à une époque où ce dernier empereur était déjà associé à l'empire.

Nous avons vu qu'auparavant les seules libéralités qui fussent permises étaient, sauf quelques exceptions, celles qui ne devaient produire leur effet qu'à une époque où le mariage aurait cessé d'exister, c'est-à-dire les donations *mortis causa*, les donations *divortii causa*, et les libéralités testamentaires.

C'est pour le même motif qu'on tenait pour valables les donations entre époux confirmées par testament ; mais cette confirmation ne produisait son effet qu'à partir du décès du testateur, sans effet rétroactif. A défaut de confirmation expresse, le silence du donateur jusqu'à sa mort ne les validait point. Cependant lorsque celui qui avait pu reprendre les biens dont il s'était dépouillé en faveur de son conjoint était décédé sans avoir usé de ce droit, n'avait-il pas manifesté très-clairement l'intention de maintenir la libéralité. Permettre aux héritiers d'en demander la nullité n'était-ce point laisser violer impunément la volonté du défunt?

C'est ce que comprirent Sévère et Caracalla qui décidèrent que, désormais, la donation entre époux serait rétroactivement confirmée par cela seul que le donateur serait mort sans l'avoir révoquée ; la nullité ne devenait définitive que par le repentir du donateur, le prédécès du donataire, et le divorce ; telle fut en substance l'innovation introduite par le sénatus-consulte.

La donation entre époux, confirmée par le silence du dis-

(1) L. 23, D. — L. 10 C. Frag. Vat. § 276. (2) Frag. Vatic. 294.

posant jusqu'à sa mort, avait une grande analogie avec les donations à cause de mort. Aussi la jurisprudence tendit-elle à les soumettre aux mêmes règles ; elle leur reconnut un effet rétroactif au jour du contrat. Mais Justinien les rapprocha des donations entre vifs, en décidant qu'elles pourraient, comme ces dernières, se former par simple pacte, et qu'à la différence des donations à cause de mort, elles ne rétroagiraient au jour de leur formation que si elles avaient été insinuées, lorsqu'elles excèderaient 500 solides. A défaut d'insinuation dans le cas où elle était exigée, la donation ne put valoir pour la quotité excédant le taux légal qu'en vertu d'une confirmation testamentaire expresse et seulement comme *donatio-mortis causa* (1).

SECTION II.

A QUELLES DONATIONS S'APPLIQUAIT LE SÉNATUS-CONSULTE DE CARACALLA.

Le sénatus-consulte de Caracalla s'appliquait incontestablement aux donations qui avaient été suivies d'exécution du vivant du donateur, mais on s'est demandé s'il concernait aussi les donations qui consistaient soit en une promesse soit en une remise de dette. Les partisans de la négative se fondent surtout sur la loi 23, où Ulpien s'exprime en ces termes : *Papinianus recte putabat orationem divi Severi ad rerum donationes pertinere : denique si stipulanti spopondisset uxori suæ non putabat conveniri posse heredem mariti* (2). Il résulte, dit-on, de ce texte que, d'après Papinien, le sénatus-consulte ne s'appliquait qu'aux donations accompagnées de tradition. Or, le mot *recte*, dont se sert Ulpien en rapportant l'opinion de ce jurisconsulte, prouve bien qu'il l'approuvait. Ils invoquent, en outre, les termes du sénatus-consulte lui-même : *Ait oratio fas esse eum quidem qui donavit*

(1) L 25, C. — *Novelle CXLII*, chap. 1er, § 2. (2) L. 23, D.

pœnitere, heredem vero eripere forsitan adversus voluntatem supremam ejus qui donaverit durum et avarum esse. Le mot *eripere* (1), disent-ils, nous fait connaître la portée du sénatus-consulte. Ce mot, signifiant *ôter, enlever,* ne peut s'appliquer évidemment qu'au cas où l'objet donné a été livré au donataire, car on ne peut rien enlever à celui qui n'a rien reçu. Enfin, on a prétendu que cette distinction était fort rationnelle ; la donation suivie de tradition fait supposer, chez son auteur, une volonté de donner plus arrêtée que celle qui consiste en une obligation dont l'effet ne se fera sentir que plus tard ; l'acte par lequel on se dessaisit, par son importance même et par l'actualité du préjudice qu'on en éprouvé, fait présumer qu'il n'est pas l'œuvre d'un moment d'irréflexion. Dès lors, en le confirmant, on ratifie presque toujours la volonté du défunt, tandis qu'en laissant subsister la nullité de la donation, qui consiste en une remise de dette ou en une obligation, on n'ira pas nécessairement à l'encontre de sa volonté.

Le système qui rejette toute distinction, au point de vue de l'application du sénatus-consulte, entre les différentes donations entre époux, nous semble préférable. Il est consacré par des textes nombreux.

1° La loi 32, § 1, s'exprime en ces termes : *Oratio autem imperatoris nostri de confirmandis donationibus non solum ad ea pertinet quæ nomine uxoris a viro comparata sunt, sed ad omnes donationes inter virum et uxorem factas.* Cette première partie du paragraphe repousse, on le voit, toute distinction entre les diverses espèces de donations entre époux.

La seconde partie est encore plus explicite. Après avoir conclu de la proposition précédente que les objets donnés devenaient de plein droit la propriété du donataire, ce qui suppose évidemment une libéralité suivie de tradition *(ut et ipso jure fiant ejus 'cui donatæ sunt)* le jurisconsulte ajoute

____

(1) L. 32, § 1er.

et obligatio sit civilis, expressions qui ne peuvent s'appliquer qu'à une donation par voie de promesse, et dont le sens le plus naturel est que l'obligation contractée par l'un des époux et non révoquée par lui, donne lieu contre les héritiers à une action au profit de l'époux donataire.

Pour échapper à cet argument, qui démontre parfaitement la validité des donations par promesse lorsque leur auteur est mort sans les avoir révoquées, les partisans de la première opinion se sont efforcés d'expliquer autrement ces mots : *et obligatio sit civilis*. D'abord on a prétendu que ces expressions se rapportaient à une obligation contractée par le défunt et exécutée par lui, qui se trouverait ainsi confirmée dans le passé.

Cette interprétation est inadmissible : il ne peut plus être question de l'obligation dès qu'elle a reçu son exécution. A la donation par promesse s'est alors substituée une donation suivie de tradition dont la confirmation ne saurait être douteuse.

On a dit encore que le jurisconsulte avait eu en vue le cas où l'un des époux aurait cédé à l'autre une créance, en le constituant *procurator in rem suam*. Pendant le mariage, le cessionnaire n'aurait aucune action contre le débiteur cédé, dont l'obligation ne deviendrait *civilis* qu'au décès du cédant. Il faut avouer que si c'est ce qu'a voulu dire Ulpien, il s'est exprimé d'une façon bien obscure. Il nous paraît impossible, en présence d'expressions aussi générales que celles qu'il a employées, d'admettre qu'il n'ait entendu s'occuper que d'une hypothèse toute spéciale ; aussi écartons-nous cette interprétation qui n'est certainement pas conforme à la pensée d'Ulpien et qui nous paraît, en outre, contraire aux principes du droit romain sur le mandat.

2° Le même jurisconsulte s'exprime en ces termes dans la loi 32, § 23 : *Sive autem res fuit quæ donata est, sive obligatio remissa, potest dici donationem effectum habituram, utputa uxori acceptum tulit, donationis causa, quod debeat, potest dici pendere acceptilationem non ipsam sed effectum ejus; et generaliter universæ donationes quas impediri diximus ex Oratione valebunt.* Il est difficile de s'exprimer en termes plus généraux, cependant certains commentateurs ont prétendu qu'en ne mentionnant que les donations suivies de tradition (*sive autem res fuit quæ donata est*) et celles qui consistent en une remise de dette (*sive obligatio remissa.*) Ulpien avait précisément voulu exclure de l'application du sénatus-consulte les donations par promesse. Mais cette distinction entre l'acceptilation et la stipulation est inacceptable. En effet, s'il est vrai que les arguments qu'on a tirés contre nous des lois 23 et 32 § 2 sont probants, les seules donations auxquelles doit s'appliquer le sénatus-consulte de Sévère sont celles qui ont été suivies d'exécution, et alors on ne peut sans contradiction déclarer susceptibles de confirmation celles qui consistent en une remise de dette, puisqu'il est certainement impossible de les ranger parmi les *donationes rerum* dont parle le jurisconsulte dans le texte qui sert de principal point d'appui à la doctrine que nous combattons. Vinnius a cherché à éluder l'objection en soutenant que la remise de dette renferme une tradition *brevi manu*; le raisonnement nous semble plus ingénieux que sérieux. Car on pourrait, au moyen d'une tradition *brevi manu* sous-entendue, transformer toutes les donations en *donationes rerum*. Et d'ailleurs, si on lit en entier la loi 32 § 23 on restera convaincu que les donations suivies de tradition ne sont citées qu'à titre d'exemple. Ulpien en effet déclare le sénatus-consulte applicable à toutes les donations qu'il a indiquées comme nulles. Or, dans la loi 3, § 10, il met précisément les donations par promesse au nombre des donations prohibées ; donc à moins d'une exception formelle qui n'est écrite nulle part, on doit les déclarer confirmées par le prédécès du donateur qui est mort sans avoir usé du droit de révocation.

3° Dans la loi 33 pr., Ulpien fait précisément à un cas où l'un des époux s'est obligé vis-à-vis de l'autre une application de la règle générale qu'il vient de poser dans la loi précédente : *Si stipulata fuerit mulier annuum, id ex stipulatu petere constante matrimonio non potest, sed si manente matrimonio decessisse maritus proponatur, quia in annuo quoque donatio vertitur, posse dici stipulationem confirmari ex Senatus-consulto.* La femme a stipulé une rente annuelle, elle ne peut rien réclamer tant que dure le mariage, mais si le mari vient à décéder, Ulpien décide que la donation sera confirmée en vertu du sénatus-consulte. La loi 33, § 2, étend cette décision au cas où c'était le mari qui jouait le rôle de créancier : *Et si forte maritus ab uxore stipulatus sit id annuum, decesseritque mulier constante matrimonio, dicendum erit ex Oratione convalescere donationem.*

4° Enfin, nous trouvons encore un dernier argument dans la loi 2 : *De dote cauta*, au Code : *Quod de suo maritus constante matrimonio, donandi animo in dotem adscripsit, si eamdem donationem legitime confectam non revocavit qui incrementum doti dedit, et durante matrimonio mortem obiit, ab heredibus mariti quatenus liberalitas interposita munita est, peti potest.*

Quant aux raisons invoquées par les partisans de l'opinion contraire, elles n'ont pas la gravité qu'on leur attribue ; la plus sérieuse est celle qu'on tire du mot *recte* dont se sert Ulpien dans le fragment où il rapporte l'opinion de Papinien.

Mais nous ne pouvons admettre que ce mot émane d'Ulpien lui-même ; car, 1° on ne pourrait, sans placer ce jurisconsulte en contradiction avec lui-même, lui faire approuver dans ce fragment une doctrine qu'il repousse dans tous les autres textes que nous avons analysés ; 2° la donation à cause de mort pouvait revêtir la forme de la stipulation (1) et les héritiers du promettant pouvaient être actionnés par le stipulant. Or, en parcourant les différents textes où Ulpien parle de la donation entre époux, nous voyons qu'il a une tendance à les assimiler aux donations à cause de mort ;

_____

(1) L. 34, 35, § 7, *De Mortis causâ donationibus*, D.

donc il devait tenir aussi pour valables les donations entre époux, consenties sous forme de stipulation, lorsque le donateur était mort sans les avoir révoquées ; il le devait d'autant plus que celui qui s'oblige purement et simplement envers son conjoint et qui meurt sans avoir révoqué, fait preuve d'une volonté aussi arrêtée que celui qui s'oblige sous cette condition : qu'il cessera d'être tenu s'il échappe au danger qu'il prévoit. 3° Enfin, il est à remarquer que toutes les fois qu'Ulpien rapporte en l'approuvant une opinion de Papinien, il s'exprime non à l'imparfait comme il le fait ici, mais au présent de l'indicatif, ainsi qu'on peut le voir dans les lois 13, § 25, D. 19-1 ; 29, D. 17-1.

Il est probable qu'Ulpien ne rapportait l'opinion de Papinien que pour la critiquer, et que le mot *recte* aura été interpolé par les compilateurs du Digeste.

Telle n'est pas l'opinion de M. de Savigny, qui pense que le mot *recte* émane d'Ulpien, mais ne porte que sur la première proposition. Quant à la seconde, ce jurisconsulte ne l'aurait mentionnée que pour en démontrer l'inexactitude, et ce serait la critique de cette dernière décision qui aurait été retranchée par les compilateurs du Digeste.

Quant au mot *eripere* qui se trouve dans le texte du sénatus-consulte, nous pensons qu'il est loin d'avoir un sens aussi précis qu'on le prétend.

Du reste, l'origine de cette controverse remonte à l'époque de Justinien. Les deux systèmes étant soutenus au barreau d'Illyrie, l'Empereur dans la novelle 162, chap. 1, consacra la doctrine qui, d'après nous, avait été celle d'Ulpien.

SECTION III.

LA LOI FALCIDIE EST-ELLE APPLICABLE AUX DONATIONS ENTRE ÉPOUX.

D'après la loi des Douze Tables, le testateur était libre de disposer à titre gratuit de la totalité de son patrimoine au préjudice de l'héritier institué, dont le droit pouvait ainsi devenir illusoire. Il en résultait que celui-ci refusait souvent d'accepter une succession dont il ne devait retirer aucun profit, ce qui entraînait l'inexécution des legs. Pour parer à cet inconvénient, on fit successivement la loi *Furia* et la loi *Voconia*, qui ne donnèrent pas les résultats qu'on en avait attendus. C'est alors que fut rendue la loi Falcidie en 714, de Rome, en vertu de laquelle l'héritier institué devait toujours avoir le quart de l'hérédité. S'il y avait plusieurs institués, le calcul devait se faire séparément pour chaque héritier, de manière à ce que chacun d'eux conservât intact le quart de la portion à laquelle il était appelé. Dans le principe, la quarte Falcidie n'appartenait qu'aux héritiers testamentaires. Un rescrit d'Antonin l'accorda aux héritiers *ab intestat.* Le sénatus-consulte Pégasien rendu en 73 après Jésus-Christ vint au secours des héritiers grevés de fideicommis en les autorisant à retenir le quart de la succession (1). Une constitution de Sévère et d'Antonin assimila au point de vue de l'application de la loi Falcidie, les donations à cause de mort aux legs (2).

Les donations entre époux étaient-elles aussi soumises au calcul de cette loi? Telle est la question que se pose Ulpien dans la loi 32, § 1er, et à laquelle il répond : *Cui locum ita fore opinor, quasi testamento confirmatum sit quod donatum est.* Expliquons sa pensée ; la quarte que l'héritier est autorisé à retenir ne doit se calculer que sur les biens qui composent le patrimoine du donateur au jour de son décès. Voilà pourquoi les biens donnés entre vifs à un étranger étaient à l'abri de la réduction. Régulièrement on aurait dû traiter de même les donations à cause de mort ; car si celui qui a reçu une telle donation n'est pas toujours investi de la propriété dès l'instant du contrat, du moins elle lui passe au moment même du décès du donateur, et par le seul fait de ce décès, avec un effet rétroactif.

(1) *Institutes de J. de Fideicommissariis hered.*, § 3
(2) L. 6, *Ad Legem Falcidium*, C.

Les biens ainsi donnés auraient donc dû être considérés comme définitivement sortis du patrimoine du défunt, et n'être par conséquent pas compris parmi ceux sur lesquels doit se calculer la quarte. Mais si on le décida autrement, c'est qu'on craignit que la faculté illimitée de disposer par donation à cause de mort n'offrît un moyen trop facile d'éluder la loi Falcidie, à l'observation de laquelle les anciens jurisconsultes tenaient beaucoup. Quant aux donations entre époux qui, pour le même motif, auraient dû échapper à toute réduction, on ne les soumit au calcul de la loi Falcidie que par suite de la tendance que montrait la jurisprudence à leur appliquer les règles des donations à cause de mort.

On admit que la confirmation tacite, résultant du silence du donateur jusqu'à sa mort, équivalait à une confirmation par acte de dernière volonté, ce qui permettait de les considérer comme des libéralités testamentaires. Il suit de là que toutes les fois qu'une donation entre époux était valable en vertu des anciennes règles, indépendamment de toute confirmation expresse ou tacite, elle ne pouvait être considérée comme une disposition de dernière volonté et ne devait point être soumise au calcul de la loi Falcidie. C'est cette idée que nous trouvons exprimée dans la loi 12, au Code *ad legem Falcidiam : In donationibus inter virum et uxorem factis, legem Falcidiam habere locum, quando fideicommissi partibus funguntur, nonnullis juris placitis comprehensum est.*

SECTION IV.

DES ÉVÉNEMENTS QUI CONFIRMENT LA DONATION.

C'est par la mort du donateur qu'était ordinairement confirmée la donation entre époux. Cette règle pouvait présenter quelques difficultés par son application aux personnes qui, juridiquement, se confondaient avec les époux. Si le père du mari, encore *in potestate*, avait fait une donation soit à la femme elle-même, soit à celui qui avait encore sur elle la puissance paternelle, soit à son frère, relevant de la même autorité qu'elle, la donation était réputée émaner du mari lui-même, et c'était son décès qui la confirmait (1).

Lorsque les deux époux avaient péri dans un même événement, sans qu'on ait pu savoir lequel des deux avait succombé le premier, le doute s'interprétait en faveur du donataire et la libéralité était validée.

S'ils étaient tombés en même temps au pouvoir de l'ennemi et s'ils mouraient l'un et l'autre en captivité, on appliquait la fiction de la loi Cornélia, et on les réputait morts au moment où ils avaient été pris, ce qui entraînait la confirmation de la donation, par application de ce qui vient d'être dit dans le cas où les deux époux avaient péri simultanément (2).

Primitivement, la donation consentie par l'époux, qui devenait *servus pœnæ*, à la suite d'une condamnation prononcée contre lui, était frappée de nullité et les biens dont elle se composait étaient confisqués. On traitait de la même manière la donation faite par celui qui avait devancé la condamnation en y échappant par un suicide. Enfin, lorsque le donateur était condamné, après son décès, pour crime de haute trahison, la condamnation avait un effet rétroactif et la donation se trouvait anéantie (3). On faisait exception à ces principes quand il s'agissait d'un militaire qui avait encouru une peine capitale pour un crime militaire ; la donation qu'il avait faite à son conjoint de *bonis castrensibus* était maintenue malgré sa condamnation (4). Mais cette jurisprudence changea sous les empereurs chrétiens. Une constitution de Constantin (5) décida que si le donateur encourrait l'esclavage de la peine, la donation qu'il aurait consentie, loin d'être anéantie, serait confirmée par cette condamnation.

Sous Justinien l'état de *servus pœnæ* disparut. Cet empereur, qui a inséré au Code la constitution précédente, a

(1) 32, § 16.
(2) L. 8, *De rebus dubiis*, D. (3) 32, § 7, D. (4) 32, § 8, D. (5) 24, C.

maintenu au Digeste les textes qui prononcent la nullité des donations faites par l'époux qui s'est suicidé, étant en état d'accusation capitale, et par celui dont la mémoire a été condamnée pour crime de haute trahison. On pourrait en conclure qu'il n'a point voulu abroger sur ce point l'ancienne législation. Il nous semble cependant qu'une telle interprétation serait contraire à la généralité des termes de sa constitution. Le principe d'humanité qui avait fait maintenir la libéralité malgré la condamnation du donateur à l'esclavage de la peine, commandait également le maintien de celle dont l'auteur se serait suicidé pour échapper à une condamnation capitale, ou dont la mémoire aurait été condamnée pour crime de haute trahison.

SECTION V.

DES OBSTACLES A LA CONFIRMATION.

Les événements qui faisaient obstacle à la confirmation, étaient : 1° la révocation ; 2° le prédécès du donateur : 3° l'esclavage de l'une des parties ; 4° le divorce.

1° *Révocation.* — Les donations entre vifs étaient en principe irrévocables, et lorsqu'on eut admis la possibilité de les révoquer pour cause d'ingratitude, on énuméra limitativement les faits qui la constituaient. Les donations à cause de mort, au contraire, participant en cela de la nature des legs, étaient révocables au gré du donateur, sans qu'il ait besoin d'indiquer la cause de son changement de volonté. Les donations entre époux étaient, comme ces dernières, essentiellement révocables. Lorsque le donateur avait varié plusieurs fois dans ses résolutions, on s'en tenait à l'intention qu'il avait manifestée en dernier lieu : *Pœnitentiam accipere debemus supremam. Proinde si uxori donavit, deinde cum pœnituit, mox desiit pœnitere, dicendum est donationem valere ut supremam ejus spectemus voluntatem, quemadmodum circa fideicommissa solemus, vel in legatis, cum de doli opposita exceptione tractamus, ut sit ambulatoria voluntas ejus usque ad vitæ supremium exitum* (1). Dans le cas où la dernière volonté du donateur était obscure, le doute entraînait le maintien de la libéralité.

La révocation était expresse ou tacite; comme cas de révocation tacite, on peut citer l'aliénation des biens donnés..... *Donatione vel venditione, vel quolibet alio modo rebus alienatis revocatam esse a viro in mulierem factam donationem, manifestum est* (2). La constitution d'hypothèque entraînait aussi révocation. (3). Mais on permettait au donataire de prouver que le donateur n'avait pas entendu révoquer la libéralité, et sa volonté à cet égard pouvait s'induire de la circonstance que son conjoint avait été laissé en possession; ce dernier pouvait conserver ce qu'il avait reçu à la condition de désintéresser le créancier hypothécaire; il avait même le droit de se faire céder ses actions. Enfin, Justinien, dans sa novelle 162, chap. 1, § 1, décida que l'hypothèque du fonds donné ne serait plus un obstacle à la confirmation.

2° *Prédécès du donataire.* — Le prédécès du donataire entraînait de plein droit la caducité de la donation, et si le donateur voulait en conserver le bénéfice aux héritiers du défunt, une confirmation expresse était indispensable; si celui qui avait reçu une donation de la femme de son fils, encore sous sa puissance, venait à mourir et qu'ensuite la femme elle-même décédât avant son époux, la survie de ce dernier confirmerait-elle la donation, ou bien celle-ci aurait-elle été infirmée par le prédécès du beau-père? On doit distinguer : si le mari se trouvait être l'unique héritier de son père, la donation était censée se renouveler entre la femme et lui; si, au contraire, il ne succédait pas, la donation était anéantie; si, enfin, il venait en concours avec d'autres héritiers, la libéralité n'était infirmée que pour une partie propor-

(1) 32, § 3 et 4, D. (2) L. 12, C.
(3) L. 12, C.

tionnelle à la fraction de l'hérédité qu'il n'était pas appelé à
recueillir (1).

3° *Captivité chez l'ennemi.* — Si c'était le donateur qui avait
été pris, la donation était confirmée, s'il mourait chez
l'ennemi ou si, étant de retour dans la cité, il décédait avant
le donataire. Si c'était le donataire qui était tombé au pouvoir de l'ennemi, la donation était définitivement infirmée
par sa mort en captivité, ou son prédécès dans la cité (2).

4° *Esclavage.* — Celui qui devenait esclave d'un particulier
ne pouvait acquérir la donation, puisque au moment où elle
produisait son effet, c'est-à-dire au décès du donateur, il était
incapable. De même la libéralité était caduque si le donataire était réduit en esclavage (3).

5° *Le divorce.* — La donation entre époux était infirmée
par le divorce, ainsi que l'établissent plusieurs textes (4),
et on ne distinguait pas à cet égard si le divorce avait eu lieu
bonâ gratiâ ou *cum irâ* ; cette distinction eût été juste et
rationnelle, mais elle eût donné lieu à des recherches trop
difficiles. Du reste, l'époux qui voulait maintenir la donation malgré le divorce, n'avait qu'à s'en exprimer formellement (5). Si le mariage avait été rétabli, et que la volonté
du donateur ne semblât pas changée, on pouvait soutenir,
dit Ulpien, que sa mort pendant le mariage confirmait la
donation (6). Une brouille passagère entre les époux ne
suffisait pas pour faire obstacle à la confirmation (7).

L'ancien droit avait admis sans difficulté que le père de
famille pouvait imposer le divorce à ses enfants. Mais cet
abus de la puissance paternelle fut supprimé, en principe,
par Antonin-le-Pieux et Marc-Aurèle. Le père ne conserva
cette faculté qu'en cas de motifs tout-à-fait majeurs. Toutefois l'envoi du *repudium* par le beau-père n'était pas sans
effet ; s'il ne dissolvait plus le mariage, il entraînait la révo-

(1) 32, § 18, D. (2) Lex ultima C.
(3) 32, § 6, D. (4) 11, § 10, D; 32, § 19, D; 62, § 1, D; L. 8, I. 18, C. J.
(5) 32, § 10. (6) 32, § 11. (7) 32, § 12, D.

cation de la libéralité faite par lui à la bru ou au gendre (1).

SECTION VI.

DE L'EFFET DES SECONDES NOCES SUR LA QUOTITÉ DISPONIBLE ENTRE ÉPOUX.

Les Empereurs chrétiens ne prohibèrent pas les secondes
noces, mais ils les virent d'un mauvais œil, ils redoutèrent
les conséquences funestes qu'elles pourraient avoir pour les
enfants issus d'une première union. Aussi rendirent-ils une
série de dispositions destinées à sauvegarder les intérêts des
enfants du premier lit. Nous allons les énumérer en suivant
l'ordre de leurs dates. En 380, Théodore I et Valentinien II
décidèrent que la femme qui se remarierait avant l'expira-
tion des dix mois qui suivraient la mort de son mari, serait
notée d'infamie, ne pourrait en aucune façon disposer de
plus du tiers de ses biens en faveur de son nouvel époux, ne
pourrait rien recevoir ni de celui-ci, ni de toute autre personne par testament, ou par donation à cause de mort,
qu'elle perdrait tout ce que son premier mari lui avait laissé
et enfin qu'elle ne pourrait réclamer les successions *ab
intestat* au-delà du troisième degré. (2)

En 382, les mêmes empereurs rendirent la constitution
fœminæ quæ; la veuve qui s'était remariée après l'année de
deuil dut réserver aux enfants du premier lit, ou à celui
d'entr'eux qu'elle désignerait, tous les biens qu'elle tenait
de son premier mari; elle ne pouvait les aliéner, et si elle
l'avait fait, elle en devait récompense aux enfants issus du
premier mariage sur ses propres biens; la mère n'en conservait que l'usufruit. Quant à ceux qu'elle recueillait dans la
succession d'un de ses enfants du premier lit, décédé depuis
son second mariage, elle n'en avait que la jouissance, la nue-
propriété étant attribuée aux enfants survivants (3).

(1) 32, § 19, D.
(2) L. 1, *De secundis nuptiis*, au Code J.
(3) L. 3, *De secundis nuptiis*.

En 392, une constitution décida que la femme en se remariant perdrait l'usufruit des biens qu'elle avait reçus à titre gratuit de son mari.

En 426, la constitution *Mater quæ.ρ.*, de Théodose II et Valentinien III, modifia la constitution *Fœminæ quæ*, en statuant que la mère succédant à l'un de ses enfants recueillerait la propriété de tous les biens laissés par lui, autres que ceux qu'il tiendrait de son père, sur lesquels elle n'aurait qu'un droit d'usufruit. (1)

En 444, la constitution *Generaliter* appliqua aux hommes veufs qui contracteraient une seconde union les dispositions de la constitution *Fœminæ quæ*. (2)

En 469, Léon et Anthemius rendirent la constitution *Hac Edictali*, par laquelle ils disposèrent que l'époux qui aurait convolé à de secondes noces ne pourrait attribuer à son nouveau conjoint, par donation *propter nuptias*, ou par constitution de dot, ou par testament, ou par donation à cause de mort, qu'une part égale à celle de l'enfant le moins prenant ; et que si la quotité disponible avait été dépassée, la réduction ne s'opérerait qu'au profit des enfants du premier lit, sauf le droit de ceux du second à la légitime ordinaire. (3)

Justinien modifia d'abord cette dernière décision ; il voulut que la réduction profitât également aux enfants des deux mariages. (4)

Dans la novelle ii, chap. i, cet empereur décida que le survivant remarié ne pourrait choisir parmi les enfants du premier lit celui qui bénéficierait des biens réservés ; dans la même novelle, il alla jusqu'à priver la mère qui aurait contracté un second mariage de l'usufruit des biens provenant du premier mari, qu'elle trouverait dans la succession d'un des enfants du premier lit, décédé.

---

(1) L. 5. *Ad senatus consultum Tertullianum*, C.
(2) L. 6. *De secundis nuptiis*, C.
(3) L. 6. *De secundis nuptiis*, C.
(4) Constitution *Quoniam*, L. 9, pr. C.

Dans la novelle xxii, il décida que les enfants du premier lit profiteraient seuls de la réduction exercée contre le second époux. Dans le chap. 46 de la même novelle, il corrigea la rigueur de la novelle ii en décidant que la mère succèderait par testament à tous les biens, indistinctement, et, *ab intestat*, en propriété à tous ceux qui ne provenaient pas du premier mari, et en usufruit à tous ceux que l'enfant décédé tenait de son père. Enfin Justinien abrogea la constitution rendue en 392 et décida que désormais la femme ne perdrait, par son second mariage, l'usufruit des biens que son mari lui avait donnés, qu'autant que la libéralité aurait été expressément subordonnée à la condition qu'elle resterait veuve.

DEUXIÈME PARTIE.

DROIT BARBARE.

Chez les peuples d'origine germanique, la femme était, avant son mariage, sous la puissance du chef de famille. Son mariage la faisait passer sous celle de son mari qui l'acquérait moyennant un prix dont le nom varia à l'origine chez les différents peuples. Payé anciennement aux parents de la jeune fille, il fut ensuite donné, en partie d'abord, puis en totalité à la femme elle-même, et prit alors particulièrement le nom de dot. A côté de cette institution, on trouve le *morgengabe*, ou don du matin, que le mari faisait à sa femme le lendemain de ses noces. Ce don, illimité à l'origine, fut plus tard fixé à la moitié du patrimoine du mari, et réduit ensuite au quart des biens qu'il laisserait à son décès, par la loi Lombarde de Luitprand. D'abord purement facultatif, il devint obligatoire sous le nom de douaire coutumier, à une époque sur laquelle on n'est pas d'accord. Les uns placent l'origine de cette transformation au commencement du XIIIe siècle, sous le règne de Philippe-Auguste ; les autres la font remonter au VIIIe ou au IXe. Elle serait, d'après ces derniers, le résultat de la combinaison du morgengabe jusqu'alors facultatif, et de la dot obligatoire comme prix d'acquisition du *mundium* (puissance).

Quant aux donations entre époux pendant le mariage, la loi Lombarde de Luitprand les défendait formellement. La loi des Francs Ripuaires les autorisait, mais seulement s'il n'existait pas d'enfants communs. La loi des Visigoths ne validait que celles qui avaient été consenties lorsqu'il s'était écoulé une année depuis le mariage. Enfin, d'après M. Pardessus, la loi Salique permettait les donations entre époux ; elles étaient irrévocables, mais ne pouvaient consister qu'en usufruit. Le donataire ne pouvait disposer des biens qu'il avait reçus de son conjoint que pour ses besoins personnels ou pour faire des dons pieux.

Les secondes noces étaient vues d'un œil défavorable. La loi Salique attribuait exclusivement aux enfants du premier lit les biens que la femme remariée tenait de son premier époux. Le morgengabe était perdu, en cas de convol d'après la loi des Bavarois, et aussi, suivant M. Pardessus, d'après la loi Salique. La loi des Burgondes, au contraire, décidait que le convol le laissait subsister. Quant au douaire coutumier, il est certain qu'il restait à la femme malgré son secord mariage.

TROISIÈME PARTIE.

ANCIEN DROIT FRANÇAIS.

———

Les lois barbares disparurent peu à peu et firent place dans le Nord aux Coutumes, et dans le Midi au Droit romain qui, du reste, n'y avait jamais été entièrement proscrit. De là la distinction entre les pays de droit écrit et les pays de droit coutumier.

Pays de droit écrit. — La dot reprit les caractères qu'elle avait eus en droit romain ; le mari dut la rendre à la dissolution du mariage. Mais on rencontre ici deux institutions nouvelles : l'augment et le contre-augment de dot. La femme eut le droit de prélever dans la succession de son mari, outre sa dot, une portion de biens, appelée augment et qui était égale au tiers ou à la moitié de la dot, suivant que celle-ci était immobilière ou mobilière. Si les époux n'avaient pas eu d'enfants, ou si ceux qu'ils avaient eus étaient décédés, la femme recueillait l'augment en pleine propriété ; dans le cas contraire, elle n'en avait que l'usufruit. Toutefois, on lui attribuait la propriété d'une part virile, qui prit le nom de *part virile d'augment.* Le contre-augment, soumis aux mêmes règles que l'augment, consistait dans le droit accordé au mari de retenir une portion de la dot en cas de prédécès de la femme ; si la femme n'avait pas été dotée, il ne pouvait être question d'augment ni de contre-augment ; mais le conjoint pauvre avait droit au quart des biens de l'époux décédé.

En cas de secondes noces, les constitutions *Feminæ quæ* et *Hac edictali* étaient en vigueur.

Les donations entre époux pendant le mariage étaient régies par le sénatus-consulte de Sévère et de Caracalla.

Pays de droit coutumier. — Le midi de la France avait adopté un système d'association conjugale, le régime en communauté, qui différait considérablement du régime dotal suivi dans les pays de droit écrit. Le mari y était maître et seigneur de la communauté, qui se composait des meubles présents de chaque conjoint, des acquets faits pendant le mariage, et des revenus des propres des époux. Il avait en outre l'administration des propres de la femme. Les dangers auxquels cette dernière se trouvait exposée par suite de l'étendue des pouvoirs accordés au mari avaient fait introduire en sa faveur le douaire légal ou coutumier dont nous connaissons déjà l'origine. Il consistait en un droit de jouissance sur une portion du patrimoine du mari, fixé par Philippe-Auguste à la moitié des biens qui lui appartenaient au moment du mariage, et réduit au tiers par Henri II d'Angleterre, dans les provinces françaises soumises à sa domination. La quarte du conjoint pauvre n'était pas admise dans les pays de coutumes, l'époux survivant trouvant des moyens d'existence dans la part qu'il était appelé à recueillir dans la communauté.

Dans notre premier droit coutumier, il régnait une grande divergence au sujet des donations pendant le mariage. Desfontaines et Beaumanoir les tenaient pour valables. D'après les *Etablissements de saint Louis*, les avantages entre époux n'étaient permis que par testament, et seulement s'il n'y avait pas d'enfants. *Les Assises de Jérusalem* contenaient une disposition semblable. Cette divergence subsista dans la seconde période du droit coutumier, et au point de vue du plus ou moins de capacité qu'elles reconnaissaient aux époux, les coutumes pouvaient se diviser en quatre classes :

1° Celles qui prohibaient tant les donations entre vifs que les dispositions testamentaires, et n'autorisaient que le don mutuel; telles étaient les coutumes de Paris et d'Orléans;

2° Celles qui permettaient le don mutuel et les libéralités testamentaires, et déclaraient nulles les donations entre vifs; encore les différentes coutumes comprises dans cette classe n'avaient-elles pas un droit uniforme. Les unes n'admettaient la validité du legs, qu'autant qu'il n'existait pas d'enfants issus du mariage; d'autres le réduisaient dans ce cas à l'usufruit des choses léguées; d'autres enfin ne tenaient aucun compte de la présence des enfants;

3° Celles qui, outre le don mutuel et les dispositions testamentaires, déclaraient valables, conformément au droit romain, les donations entre vifs, confirmées par le silence du donateur jusqu'à sa mort;

4° Celles enfin qui permettaient aux époux de se faire, pendant le mariage, des donations aussi irrévocables que celles qui s'adressaient à des étrangers, avec quelques restrictions quant à la nature et à la quotité des biens, lorsqu'il y avait des enfants.

Il est nécessaire de donner quelques détails sur les règles qui régissaient les donations entre époux, dans la coutume de Paris qui, par son importance, doit attirer spécialement notre attention. Elle frappait de nullité toutes dispositions entre vifs ou testamentaires entre conjoints, directes ou indirectes, sauf le don mutuel. La tradition ne transférait pas au donataire la propriété des biens dont on avait entendu le gratifier; aussi le donateur pouvait-il exercer l'action en revendication, soit contre lui, soit contre les tiers-acquéreurs.

Si la libéralité consistait en une somme d'argent, le disposant avait une action personnelle contre le donataire, pour se la faire rendre, sans qu'il y eût à rechercher, comme en droit romain, si celui-ci en avait ou non profité.

La remise faite par l'époux créancier à l'époux débiteur n'avait pas pour effet de libérer ce dernier. Celui qui avait contracté une obligation vis-à-vis de son conjoint, ne pouvait être contraint de l'exécuter, et s'il l'avait exécutée, il reprenait ce qu'il avait payé au moyen d'une *condictio indebiti*. Toutefois, l'exécution de l'obligation par les héritiers de celui qui l'avait contractée était considérée comme l'accomplissement d'une obligation naturelle ; il en était de même quand ils avaient acquitté le legs fait au conjoint. Dans les deux cas, l'action en restitution des objets livrés leur était refusée.

En ce qui concerne les libéralités indirectes, la coutume de Paris s'écartait en plusieurs points du droit romain. Ainsi : 1° tandis que la nullité n'atteignait, à Rome, que les libéralités par lesquelles le disposant diminuait son patrimoine, elle frappait aussi, dans la coutume de Paris, celles par lesquelles il manquait simplement d'acquérir. Par exemple était nulle la renonciation à un legs auquel le mari était appelé conjointement avec sa femme, afin que celle-ci soit seule à le recueillir ; toutefois Pothier se prononçait pour la validité de la répudiation dont le but était de faire parvenir la totalité des biens à l'autre époux appelé à l'hérédité d'après l'ordre légal des successions ; 2° la coutume de Paris défendait toute espèce de contrat entre mari et femme, à moins qu'ils n'aient un motif légitime ; 3° certaines coutumes, contrairement à ce qui avait lieu en droit romain, avaient établi des présomptions d'interposition de personnes ; c'est ainsi que, dans quelques-unes, on considérait comme interposés ceux dont le conjoint du donateur était l'héritier présomptif, dans d'autres, les père et mère des époux, dans presque toutes enfin les enfants que le conjoint du disposant avait eus d'un précédent mariage. La coutume de Paris, moins rigoureuse, ne supposait dans ce dernier cas l'interposition qu'autant que le donateur avait lui-même des enfants, soit communs, soit d'un premier lit.

Il nous reste à parler d'une institution particulière : le don mutuel, qui échappait à la prohibition établie par la coutume de Paris. On peut le définir : le contrat intervenu entre les deux conjoints pendant le mariage, en vertu duquel le survivant était appelé à jouir, sa vie durant, de la part de l'époux prédécédé dans la communauté.

Il ne pouvait se former, d'après la coutume de Paris, que si les époux, unis par un mariage valable ou tout au moins putatif, étaient communs en biens et ne laissaient pas d'enfants à leur décès. Les enfants naturels, ceux frappés de mort civile, et ceux justement exhérédés, ne faisaient pas obstacle à sa validité. Quant aux enfants légitimes qui renonçaient, Pothier pensait qu'ils l'empêchaient de valoir. Mais son opinion n'a pas été admise par tous les interprètes.

Si la femme qui s'était réservée la reprise de ses apports survivait à son mari et renonçait à la communauté, elle avait droit, en vertu du don mutuel, à la jouissance de tous les biens qui avaient composé la communauté et qui passaient aux héritiers du mari. Ricard avait soutenu l'opinion contraire, mais elle n'avait point prévalu. On avait considéré les apports que prélevait la femme comme sa part dans la communauté, de sorte que tous les autres biens constituaient la part du mari, à l'usufruit de laquelle elle était appelée. Dans le même cas, le mari, s'il survivait, pouvait réclamer la jouissance des apports de la femme.

Le don mutuel devait présenter les trois caractères suivants : irrévocabilité, égalité des choses données, égalité d'espérances. C'est parce que les chances n'étaient point égales entre les parties que la coutume de Paris avait déclaré nul le don mutuel, lorsqu'au moment où le contrat avait eu lieu l'une d'elles était gravement malade.

Le don mutuel se faisait devant notaires, et en général par un seul et même acte, quoique d'après Ricard il pût être fait par deux actes séparés, se référant l'un à l'autre. Il devait être insinué au greffe du domicile des époux dans le délai de quatre mois. Le survivant appelé à jouir de la part du prédécédé dans la communauté devait donner caution aux héritiers de ce dernier, et ce n'était qu'à partir du jour où il avait satisfait à cette obligation qu'il commençait à gagner les fruits. Le donataire mutuel devait payer les intérêts des dettes grevant la portion de biens dont il avait la jouissance.

Les modes d'extinction de l'usufruit du donataire mutuel étaient les mêmes que ceux qui mettaient fin à l'usufruit ordinaire. A moins de convention contraire, il ne cessait pas par le convol de l'usufruitier à de secondes noces.

L'article 281 de la coutume de Paris, mentionne une espèce particulière de don mutuel ; le père et la mère mariant leur enfant et lui constituant une dot, pouvaient convenir dans son contrat de mariage, qu'au décès de l'un d'eux l'enfant laisserait jouir le survivant de la part qui revenait au prédécédé dans la communauté. Ce droit de jouissance s'éteignait par le second mariage de l'usufruitier.

De l'édit des secondes noces. — Tandis que les constitutions *Feminæ quæ* et *Hac edictali* étaient en vigueur dans le pays de droit écrit, la plupart des coutumes avaient négligé de s'occuper des intérêts des enfants du premier lit, en cas de convol de leur père ou de leur mère à une nouvelle union. Cette lacune donna lieu à des abus auxquels eut pour but de mettre un terme l'édit des secondes noces, rendu en 1560 par François II, sous l'inspiration du chancelier Michel de l'Hospital.

L'édit avait deux chefs. Le premier généralisait en France la constitution *Hac edictali*. L'époux remarié ne put donner à son nouveau conjoint qu'une part d'enfant non avantagé. Voici quels étaient les termes de ce premier chef : « Ordon-
» nons que femmes veuves ayant enfants ou enfants de leurs
» enfants, si elles passent à de nouvelles noces, ne peuvent
» et ne pourront, en quelque façon que ce soit, donner de
» leurs biens, meubles, acquets ou acquis par elles d'ailleurs
» que de leur premier mari, ni moins leurs propres, à leurs
» nouveaux maris, frères, mère, ou enfants desdits maris,
» ou autres personnes qu'on puisse présumer être par dol ou

» fraude interposées, plus qu'à l'un de leurs enfants, ou
» enfants de leurs enfants, et s'il se trouve division inégale
» de leurs biens faite entre leurs enfants ou enfants de leurs
» enfants, les donations par elles faites à leurs nouveaux
» maris seront réduites et mesurées à la raison de celui des
» enfants qui en aura le moins. »

Si tous les enfants du conjoint donateur n'étaient point au premier degré, ils succédaient par souches, et l'époux avait droit à la part afférente à une souche. Si le fils unique du donateur était mort laissant plusieurs petits enfants au même degré, ceux-ci succédaient par tête. Ricard, Pothier et Lebrun n'attribuaient dans ce cas qu'une part de petit enfant au second époux. Un arrêt du parlement de Toulouse de 1619, qui nous paraît plus rationnel, lui accorda la part qu'il aurait eue, s'il se fût trouvé en concours avec le fils pré-décédé.

Lorsque la donation s'adressait à un étranger, les enfants du premier lit étaient admis à prouver que le tiers désigné dans l'acte comme donataire, n'était qu'un intermédiaire chargé de faire parvenir l'émolument de la libéralité à l'époux, afin que celui-ci obtînt par ce moyen une quotité de biens supérieure à celle dont l'Édit permettait de disposer en sa faveur. L'interposition fut même légalement présumée quand la personne désignée comme donataire était le père ou la mère du nouvel époux, ou un enfant qu'il aurait eu d'un précédent mariage.

L'action en réduction appartenait aux enfants du premier lit seulement dans les pays de droit écrit, en vertu de la novelle XXII de Justinien et aux enfants des deux lits dans les pays de droit coutumier en vertu de la constitution *quoniam* Ricard, Pothier, Lebrun et la généralité des auteurs pensaient qu'il n'était pas nécessaire d'être héritier pour pouvoir agir en réduction. Ils prétendaient qu'il n'y avait pas dans le droit au retranchement un droit successoral, mais un bénéfice particulier résultant de l'Édit, lequel n'en avait pas subordonné la jouissance à la qualité d'héritier. L'opinion de ces jurisconsultes a été l'objet des critiques de plusieurs auteurs modernes.

L'action en réduction était réelle ; elle atteignait donc les biens donnés non-seulement entre les mains du donataire lui-même, mais encore entre celles des tiers acquéreurs. La réduction se faisait d'après la valeur qu'auraient eue les objets donnés, s'ils fussent restés en la possession du donateur. Elle frappait tous les avantages faits au nouvel époux, sauf le douaire légal ou même conventionnel, quand il n'excédait pas le taux du douaire coutumier, parce qu'on le considérait moins comme une libéralité que comme l'acquittement d'une dette du mari envers sa femme.

Le second chef de l'Edit contenait en substance les constitutions *Feminæ quæ* et *generaliter*, avec certaines modifications. Ainsi il défendait à celui qui contractait une nouvelle union de donner à son second conjoint aucune portion des biens qu'il tenait de son premier époux. Mais contrairement à ce qui avait lieu en droit romain, l'époux binube ne perdait pas la propriété de ces biens. Seulement, il était obligé de les conserver et de les rendre à son décès aux enfants issus de son premier mariage, au profit desquels l'Edit établissait ainsi une véritable substitution. Il résultait de là qu'ils étaient censés les tenir du défunt lui-même ; d'où les conséquences suivantes :

1° Les biens ainsi recueillis étaient des propres paternels ou maternels, suivant que le donateur était leur père ou leur mère.

2° Ils s'imputaient sur la légitime qui leur était due.

3° Les enfants du second lit n'avaient aucun droit sur eux.

La substitution s'éteignait par la mort des enfants du premier lit. Duplessis et Lemaître la déclaraient aussi éteinte par le second veuvage ; mais Pothier ne partageait point cet avis. Quant à Lebrun, il n'en admettait l'extinction que pour l'avenir et maintenait la nullité des aliénations faites dans le passé.

Les coutumes de Paris et d'Orléans avaient donné une extension nouvelle au second chef de l'Edit : 1º L'époux remarié ne pouvait donner à son nouvel époux aucune portion des conquets de communauté ; 2º les mêmes biens ne pouvaient être donnés à d'autres personnes que déduction faite de la part qui appartenait aux enfants issus du premier mariage. Au premier cas, l'action en réduction pouvait être intentée tant par les enfants du second lit que par ceux du premier. Au second cas cette action n'appartenait qu'aux enfants issus du premier mariage, qui ne pouvaient l'exercer que pour leur part héréditaire dans les conquets.

En 1579, l'ordonnance de Blois, rendue sous Henri III, décida que si une veuve, ayant des enfants d'un précédent mariage, épousait un homme indigne de sa condition, les avantages faits à ce dernier seraient nuls, et que la femme qui les aurait consentis pourrait être privée du droit de disposer de ses biens. (Art. 182.)

QUATRIÈME PARTIE.

DROIT INTERMÉDIAIRE.

Le droit Intermédiaire changea complétement les règles en
vigueur sur le droit de disposer à titre gratuit. La loi
du 17 nivôse an II, annula les donations postérieures au
14 juillet 1789, autres que celles consenties au profit d'un
époux, et décida qu'on ne pourrait rien donner à ses successibles. La quotité disponible à l'égard des étrangers fut
réduite au dixième des biens, quand le disposant laissait des
descendants ou des ascendants, et au sixième quand il ne
laissait que des collatéraux ; mais tandis qu'elle se montrait
si rigoureuse contre les libéralités ordinaires, la loi de nivôse
prenant en quelque sorte le contre-pied des législations
antérieures, étendait la limite de la quotité disponible au
profit des époux. Ceux qui n'avaient pas d'enfants pouvaient
disposer, l'un au profit de l'autre, de la totalité de leur patrimoine ; ceux qui en laissaient pouvaient se donner l'usufruit
de la moitié de leurs biens. Ces donations étaient aussi irrévocables que celles faites à des étrangers.

La loi du 18 pluviôse an V, autorisa le cumul du don de
l'usufruit de moitié au conjoint et de celui d'un dixième en
propriété à un étranger.

On peut au premier abord trouver singulier que le droit
intermédiaire, qui avait renfermé dans des limites si étroites
la faculté de disposer à titre gratuit en faveur des étrangers,
ait accordé aux époux le pouvoir que la plupart des coutumes
leur refusait autrefois, de se faire des libéralités pendant le
mariage. Cette anomalie apparente s'explique par les deux
raisons suivantes : la première, c'est que le douaire, l'aug-

ment de dot et en général tous les gains de survie ayant été abolis par les lois révolutionnaires, on avait voulu que l'époux pût assurer à son conjoint les moyens d'existence qu'il tenait autrefois de la loi elle-même; la seconde, c'est que le législateur qui, tout en permettant le divorce, désirait qu'il fût aussi rare que possible, avait pensé que les époux seraient souvent détournés de l'idée de demander le divorce par l'espérance d'être un jour récompensés de leur fidélité. Voici ce que disait à cet égard M. Berlier, rapporteur de la loi : « Les anciennes coutumes avaient apporté aux avantages » entre époux des limitations que la morale a fait écarter, » parce que l'espoir des libéralités respectives resserre les » nœuds du mariage et améliore ainsi le principal état de » l'homme en société. »

L'article 13 de la loi de nivôse, qui permettait de donner l'usufruit de la moitié des biens au conjoint, lorsqu'il y avait des enfants, ne distinguant nullement entre les enfants communs et ceux du premier lit, abrogeait ainsi le premier chef de l'Edit des secondes noces ; quant au deuxième chef, sa suppression résultait de l'article 61 de la loi de nivôse, qui déclarait abrogées toutes les lois, coutumes et statuts, sur la transmission des biens par donation ou par testament.

La loi du 4 germinal an VIII, augmenta la quotité disponible ordinaire, et permit d'en disposer tant en faveur des étrangers qu'en faveur des successibles, mais cette loi ne s'occupa pas des libéralités entre époux ; elles continuèrent à être régies par la loi de nivôse.

CODE CIVIL

DONATIONS ENTRE EPOUX PENDANT LE MARIAGE.

Le Code civil ne pouvait accepter ni la prohibition rigoureuse du droit coutumier qui contrariait un sentiment bien naturel et bien légitime, en privant un époux du droit de récompenser l'affection et le dévouement de son conjoint, ni le système de la loi de nivose, qui laissait sans protection celui qui n'avait peut-être consenti à se dépouiller que sous l'empire de la passion ou de l'influence qu'exerçait sur lui son conjoint ; il adopta un système mixte qui se rapprochait de celui qu'en droit romain avait introduit Antonin Caracalla ; il permit les donations entre époux ; mais les déclara révocables, afin de permettre à celui qui plus tard se repentirait de sa générosité, de reprendre les biens dont il avait eu l'imprudence de se dépouiller. Le système suivi par notre législation diffère de celui du sénatus-consulte, en ce qu'au lieu d'être nulle, sauf à être validée rétroactivement par la mort du disposant, la donation entre époux est aujourd'hui immédiatement valable, sauf révocation de la part du donateur.

CHAPITRE PREMIER.

DES DONATIONS QUE PEUVENT SE FAIRE LES ÉPOUX PENDANT LE MARIAGE.

Les époux ont la faculté de se faire, par contrat de mariage, des donations qui peuvent comprendre soit des biens à venir, soit à la fois des biens présents et à venir. Rappelons sommairement les caractères de ces libéralités : les donations de biens présents sont irrévocables et font immédiatement acquérir au donataire le droit ou la chose qu'elles ont pour objet. La donation de biens à venir est celle par laquelle on dispose de tout ou partie des biens qu'on laissera à son décès ; ce n'est qu'à la mort du donateur que la propriété est transférée au donataire ; jusqu'alors le disposant, resté propriétaire, peut faire des aliénations à titre onéreux et contracter de nouvelles dettes ; mais la donation est irrévocable quant au titre, et l'émolument ne peut en être diminué par aliénations à titre gratuit.

La donation cumulative des biens présents et à venir, est celle qui est faite avec faculté pour le donataire de recueillir tous les biens que le donateur laissera à son décès, à la condition de payer toutes ses dettes, ou de s'en tenir aux biens qui lui appartenaient au jour du contrat, en ne payant que les dettes qu'il avait contractées avant cette époque.

Chacune de ces libéralités peut-elle être valablement consentie pendant le mariage ? L'affirmative n'est pas douteuse relativement à la donation de biens présents ; la jurisprudence et la doctrine n'ont pas fait jusqu'à ce jour plus de difficulté pour reconnaître aux époux le droit de se faire, pendant la même période, les libéralités que les articles 943, 944 prohibent en principe. Les auteurs appuient leur opinion sur le raisonnement suivant : l'article 947 déclare les articles 943, 944 inapplicables aux donations dont est mention aux chapitres VIII et IX du présent titre ; or, c'est dans le chapitre IX que se trouvent placés les articles 1096, 1097 relatifs aux donations pendant le mariage : donc l'art. 947 s'y réfère, et leur accorde la même faveur qu'aux donations par contrat de mariage. Malgré la logique apparente de ce raisonnement et la valeur qu'il emprunte à l'autorité des nombreux jurisconsultes qui l'ont invoqué, nous croyons que l'exception de l'art. 947, ne concerne point les donations entre époux pendant le mariage. Essayons de le prouver en nous attachant uniquement d'abord à la donation de biens à venir. L'art. 943 la déclare nulle : c'est là un principe auquel nous ne pouvons déroger qu'en vertu d'une exception formelle. On prétend la trouver dans l'art. 947 : il nous suffira donc, pour démontrer l'inexactitude du système que nous combattons, de prouver que l'article 947 ne se réfère qu'aux donations par contrat de mariage. Une exception ne doit pas être étendue au-delà des limites que le législateur a voulu lui assigner, et le but qu'il s'est proposé doit nous en faire connaître le sens et la portée précis. Or, n'est-il pas évident que ce qui a amené l'exception de l'art. 947, c'est uniquement le désir d'encourager les unions légitimes que les législateurs de tous les temps ont considérées comme intéressant au plus haut degré la société ? C'est cette pensée qui a inspiré les rédacteurs du Code quand ils ont supprimé dans les donations par contrat de mariage la formalité de l'acceptation expresse requise pour la perfection des donations ordinaires, et quand ils ont relevé le mineur, au jour de son mariage, de l'incapacité dont il se trouve frappé quand il veut disposer de ses biens en faveur de toute autre personne que son futur conjoint ; n'est-il pas dès lors naturel de supposer que c'est à la même idée qu'ils ont obéi quand ils ont exceptionnellement permis les donations de biens à venir ; ils ont compris que les libéralités étaient souvent la cause déterminante du mariage et, par conséquent, qu'ils devaient dans l'intérêt du but qu'ils poursuivaient, les rendre aussi fréquentes que possible ; or, le meilleur moyen de parvenir à ce résultat était de les rendre peu onéreuses, en permettant au disposant de ne point se dépouiller actuellement et de faire un acte dont tout le poids retomberait en définitive sur ses héritiers, sans qu'il en éprouvât lui-même une diminution de jouissance ; mais si cette dérogation au droit commun n'a été qu'un moyen d'amener la conclusion du mariage, pourquoi l'aurait-on maintenue après qu'il a été célébré et que le but proposé a été ainsi atteint ? Le mineur ne cesse-t-il pas alors d'être capable, et la formalité de l'acceptation expresse ne redevient-elle pas nécessaire ? Pourquoi la dernière faveur introduite pour le même motif ne s'éteindrait-elle pas aussi ?

Qu'on ne prétende pas que la perspective d'une donation de biens à venir que l'un des époux aura l'espoir d'obtenir plus tard de son conjoint, pourra être une cause sérieusement déterminante. Comment peut-on supposer en effet qu'un mariage sera contracté sur la foi de l'espérance déjà incertaine d'une donation qui, à la supposer consentie, ne procurerait aucun avantage actuel au donataire, et serait absolument révocable au gré du disposant ?

Si la donation de biens à venir par contrat de mariage peut être une cause déterminante, c'est qu'elle est irrévocable quant au titre et enlève au donateur le droit de disposer gratuitement des biens qu'elle comprend. Mais cette double garantie, qui empêche alors qu'on puisse la considérer comme un don purement éventuel, disparaîtrait si elle avait lieu pendant le mariage, puisqu'elle tomberait, dans ce cas, sous le coup de la révocabilité que prononce l'art. 1096. En réalité, elle n'aurait que fort peu d'avantages sur une simple disposition testamentaire.

Nous pouvons ajouter qu'elle présenterait des inconvénients fort graves ; en effet, si avant le mariage les époux peuvent librement discuter leurs intérêts, et si par conséquent il est sans danger de leur permettre de se faire toutes les donations qu'ils jugent à propos, il ne saurait en être de même après le mariage contracté ; bien souvent l'un des époux domine l'autre ; n'est-il pas à craindre que cette influence, insuffisante peut-être pour déterminer le conjoint le plus faible à consentir une libéralité dont l'effet se ferait sentir immédiatement, n'ait assez de force pour l'amener à souscrire au préjudice de sa famille des donations qui absorberont peut-être la totalité du patrimoine qu'il laissera à son décès.

Sans doute, il conservera toujours le droit de révoquer ; mais qui ne sait qu'on éprouve toujours une certaine peine à retirer un consentement donné en présence de témoins et devant un officier public ; la crainte de troubler la paix intérieure ne retiendra-t-elle pas souvent celui qui voudrait user de la faculté que lui accorde la loi ?

L'historique de la question et les travaux préparatoires du Code viennent à l'appui de notre opinion. La donation de biens à venir n'est autre chose que ce mode de disposer qui, dans notre ancienne jurisprudence, portait le nom d'institution contractuelle, et dont l'origine remonte au droit Germanique. Admise d'abord dans tous les contrats, elle fut ensuite circonscrite au contrat de mariage d'où, malgré l'opposition que lui firent les Romanistes, on ne put, suivant l'expression d'Eissbach, la débusquer. Ainsi dans notre ancien droit coutumier, c'était bien uniquement par contrat de mariage que les donations de biens à venir pouvaient être faites. On conçoit, du reste, qu'il ne pouvait en être question pendant le mariage, puisque durant cette période, toute donation était prohibée entre les époux.

Les discours des orateurs qui s'expliquèrent à cet égard, soit au Tribunat, soit au Conseil d'Etat, soit au Corps Législatif, loin d'annoncer une innovation démontrent qu'on a entendu s'en tenir sur ce point aux anciens principes. « *La faveur du mariage*, disait M. Bigot de Préameneu, exige » que les époux aient, *au moment où ils forment leurs liens*, la » liberté de se faire réciproquement ou l'un d'eux à l'autre » *les donations qu'ils jugent à propos*. IL EN EST AUTREMENT DES » DONATIONS QUE LES ÉPOUX VOUDRAIENT SE FAIRE PENDANT LE » MARIAGE. » (1)

M. Jaubert dans son rapport au Tribunat disait : « Une » règle de tous les temps et que la nature des choses justifie » assez, c'est que *les Contrats de mariage* sont susceptibles de » toutes les clauses et conditions qui ne sont pas contraires » aux bonnes mœurs. Les règles mêmes les plus sévères que

(1) Locré, 119, 11; no 87, 14.

» la loi a cru devoir établi sur l'irrévocabilité des donations,
» doivent fléchir *en faveur du mariage*, la loi ne voit que la
» nécessité de *l'encourager ;* ainsi la donation par contrat de
» mariage peut comprendre les biens à venir............ Les
» institutions contractuelles continueront d'être autorisées
» en *faveur du mariage.* » (1)

M. Favard, au Corps législatif, après avoir traité des donations que les tiers font aux époux par contrat de mariage, annonce qu'il va parler de celles que les époux peuvent se faire par contrat de mariage et par des actes subséquents. Il s'occupe d'abord des libéralités par contrat de mariage, pour nous dire qu'elles pourront comprendre des biens à venir, ou des biens présents et à venir ; puis il passe aux donations par actes subséquents, mais il ne s'en occupe que pour fixer la quotité disponible, sans rien dire de la nature des biens qu'elles pourront comprendre ; montrant évidemment par là qu'il entendait à cet égard les laisser sous l'empire du droit commun.

Le texte de l'article 947 est-il enfin si contraire à notre opinion que le prétendent nos adversaires ? Nous ne le pensons pas. Sans doute par la généralité de ses termes, l'article 947 ferait supposer qu'il se réfère à toutes les dispositions des chapitres VIII et IX, et, par conséquent, aussi bien aux dispositions faites à l'un des époux par un tiers, ou par l'autre époux par contrat de mariage, qu'à celles consenties par l'un des époux au profit de l'autre pendant le mariage. Mais cette interprétation ne saurait résister à un examen approfondi. Le législateur ne s'est point contenté à l'égard des donations faites par contrat de mariage, de la disposition de l'article 947 ; il a cru devoir consacrer formellement, dans deux articles spéciaux, l'article 1082, quand la libéralité émane d'un tiers, l'article 1091 quand elle émane du conjoint, l'exception qu'il n'avait fait qu'annoncer dans l'article 947 et en déterminer soigneusement les effets dans les articles 1082, 1083, 1084, 1091, 1093. Si maintenant nous parcourons la série de textes relatifs aux donations pendant le mariage, nous ne trouvons rien de semblable; il n'y est nullement question de cette espèce de donation que le législateur avait si soigneusement réglementée dans les deux cas précédents; elle n'y est pas même rappelée; Qu'en conclure sinon qu'il n'entendait pas la permettre pendant le mariage?

Qu'on ne dise pas qu'en ce qui les concerne il a pu juger suffisante la disposition générale de l'article 947 qu'il avait regardée comme insuffisante, relativement aux donations par contrat de mariage; car s'il était nécessaire de s'expliquer avec quelques détails, c'est surtout à l'égard des donations pendant le mariage, puisqu'elles constituaient une innovation dans notre droit.

Enfin, qu'on ne prétende pas que, dans la pensée du législateur, les règles qu'il venait de tracer sur les donations par contrat de mariage devaient s'appliquer aussi aux donations consenties pendant le mariage; car lorsqu'il a voulu soumettre aux mêmes règles les donations par contrat et celles faites pendant le mariage, il a eu le soin de s'en exprimer formellement, ainsi qu'on peut le voir dans l'article 1094 :« L'époux » pourra, dit cet article, soit par contrat de mariage, soit » pendant le mariage..... » Les articles 1091, 1093, au contraire, ne parlent que des donations par contrat de mariage, ce qui démontre que c'est à ces dernières seulement qu'il a songé lors de la rédaction de ces articles.

Enfin, on ne saurait dire que la défense faite par la loi de disposer par voie de donation de biens à venir n'est que la sanction du principe de l'irrévocabilité des donations entre vifs, et que dès lors elle ne doit point s'appliquer aux libéralités révocables. Nous répondrons que la faculté de disposer par donation de biens à venir porte en outre atteinte à cette autre règle consacrée à plusieurs reprises par notre Code, qu'on ne peut point faire de pacte sur successions futures. On a pensé avec raison qu'il était immoral et, jusqu'à un certain point, dangereux d'intéresser une personne au décès d'une autre. Or, qu'est-ce en définitive qu'une donation de biens à venir, sinon un don de succession, un véritable pacte sur succession future, renfermant un *votum mortis*, d'autant plus odieux qu'il s'adresse à une personne pour laquelle on doit éprouver le plus vif attachement.

Il est vrai que cela ne nous a pas empêchés d'admettre la donation de biens à venir quand elle est renfermée dans un contrat de mariage ; mais c'est qu'alors nous y étions obligés par l'exception que consacre l'article 947. Or, nous croyons avoir démontré que cet article ne s'applique point aux donations postérieures à la célébration du mariage.

Il est évident que notre doctrine serait la même à l'égard des donations cumulatives de biens présents et à venir.

Telles sont les raisons qui nous portent à rejeter la doctrine généralement suivie. Toutefois, comme les donations de biens à venir et les donations annulatives de biens présents et à venir, pendant le mariage, ont lieu très-fréquemment dans la pratique, nous résoudrons les principales difficultés qu'elles soulèvent dans le système qui en admet la validité.

Précisons maintenant la nature des donations entre époux ; attachons-nous en premier lieu à la donation de biens présents. Nous n'hésitons pas à la considérer comme une véritable donation entre vifs. En effet, il nous paraît évident d'abord qu'il ne faut point la considérer comme une disposition testamentaire, car, 1° l'article 1096 qualifie de donation les avantages dont il consacre la révocabilité ; 2° si le législateur l'eût considérée comme un simple legs, il se serait dispensé de la déclarer révocable, puisque la révocabilité est de l'essence des dispositions testamentaires ; 3° le dernier paragraphe de l'article 1096, qui nous apprend qu'elle n'est point révoquée par la survenance d'un enfant, eût été superflu, puisqu'un legs n'est jamais soumis à cette cause de révocation ; 4° enfin, l'article 1097 distingue parfaitement les donations par acte entre vifs des dispositions par testament.

Ne peut-on pas du moins la considérer comme une donation à cause de mort? Non, car l'article 893, en décidant que l'on ne peut disposer de ses biens à titre gratuit que par donation entre vifs ou par testament, exclut par là-même tout autre mode de disposition à titre gratuit ; l'article 711 qui, énumérant les actes translatifs de propriété, cite le testament et la donation entre vifs, garde le même silence à l'égard de la donation à cause de mort, d'où nous devons conclure qu'elle a été abrogée ; ajoutons que nous espérons prouver qu'un des caractères essentiels de l'ancienne donation à cause de mort, la caducité par le prédécès du donataire ne se rencontre pas dans la donation entre époux pendant le mariage.

Par conséquent, si une telle libéralité ne constitue pas une disposition testamentaire ou une donation à cause de mort, elle ne peut être qu'une donation entre vifs ; c'est, du reste, ce qui résulte très-clairement de la loi du 21 juin 1843, qui soumet les donations entre époux aux mêmes formes que les donations entre vifs ordinaires.

On s'est cependant emparé de ces mots : *quoique qualifiées entre vifs*, de l'article 1096, pour soutenir que les libéralités entre époux pendant le mariage ne sont point des donations entre vifs proprement dites. Mais nous répondons que le législateur, en insérant ces mots, n'a eu d'autre but que d'avertir les époux que c'est vainement qu'ils croiraient pouvoir soustraire les donations qu'ils voudraient se faire à la règle de l'art. 1096, en les qualifiant de donations entre vifs dans l'espérance de les soumettre ainsi à l'irrévocabilité que consacre l'art. 894.

On a fait encore l'objection suivante: l'article 894 définit la donation, un acte par lequel le donateur se dépouille actuellement et irrévocablement de la chose donnée. Or, l'art. 1096 déclare les donations pendant le mariage révocables ; donc elles ne constituent pas de véritables donations entre vifs.

Cette objection repose sur cette idée, qui nous semble inexacte, que l'irrévocabilité est de l'essence des donations. Les conventions ne peuvent en principe être dissoutes que par le mutuel consentement des parties, et toute obligation est nulle si elle a été contractée sous une condition qui en fait dépendre le lien de la seule volonté de celui qui s'oblige. Mais il est permis aux parties, soit de stipuler dans certains cas que la convention pourra être résolue unilatéralement, ce qui arrive, par exemple, quand on joint à la vente une clause de réméré, soit d'en subordonner la perfection à une condition dont l'accomplissement dépend de la volonté de l'une d'elles. Le contrat de donation, loin de résister à de telles clauses, s'y prêterait aussi facilement que les contrats à titre onéreux ; car si on permet à un spéculateur de n'être lié que dans une certaine mesure, pourquoi se montrer plus sévère à l'égard de celui qui fait un acte de pure générosité. Ainsi, abstraction faite de toute disposition législative, conçoit-on facilement une donation qui serait révocable au gré du disposant? Si le principe de l'irrévocabilité consacré par les coutumes a été écrit dans l'ordonnance de 1731, c'est pour un motif tout particulier que Pothier nous fait connaître en ces termes : « L'esprit de notre droit français incline à ce que
» les biens demeurent dans les familles et passent aux héri-
» tiers. Dans cette vue, comme on ne pouvait dépouiller les
» particuliers du droit que chacun a naturellement de dispo-
» ser de ce qui lui appartient et par conséquent de donner
» entre vifs, nos lois ont jugé à-propos, en conservant aux
» particuliers ce droit, de mettre néanmoins un frein qui
» leur en rendît l'exercice plus difficile ; c'est pour cela
» qu'elles ont ordonné qu'aucun ne pût valablement donner,
» qu'il ne se dessaisît dès le temps de la donation de la chose
» donnée, et qu'il ne se privât pour toujours de la faculté
» d'en disposer, afin que l'attache naturelle qu'on a à ce

» qu'on possède et l'éloignement qu'on a pour le dépouille-
» ment, détournât les particuliers de donner. » L'irrévocabilité n'étant donc pas inhérente à la nature de la donation,
on conçoit parfaitement une donation entre vifs révocable.

De ce que la donation de biens présents est une donation
entre vifs il résulte :

1° Qu'elle doit être rédigée par deux notaires conjointement, ou par un notaire en présence de deux témoins (loi
de 1843) ;

2° Qu'elle doit être acceptée formellement, puisque l'exception que l'art. 1087 apporte à l'art. 932 ne concerne que les
donations par contrat de mariage ;

3° Qu'elle doit être transcrite, si elle comprend des biens
susceptibles d'hypothèques (art. 939). On a objecté que la
transcription avait pour but d'empêcher le donateur de disposer des biens donnés, et que, dans l'espèce, elle n'aurait
aucune utilité, car elle n'empêcherait pas le disposant de consentir des aliénations, puisqu'en aliénant, il ne fait qu'user
du droit de révocation dont il ne peut être privé ; nous répondons que la transcription aura encore le double avantage
d'empêcher les hypothèques légales et judiciaires qui lui
seront postérieures d'affecter les immeubles donnés, et de
préserver ces mêmes biens de la saisie que voudraient prati-
quer sur eux les créanciers du donateur ;

4° Que, lorsqu'elle comprend des effets mobiliers, elle doit
être accompagnée de l'état estimatif desdits effets ; mais,
dit-on, cette formalité est destinée à empêcher qu'on ne
porte atteinte à l'irrévocabilité de la donation ; or, notre
donation étant révocable, l'état estimatif serait sans objet.
Nous répondons qu'il pourra être encore fort utile à plusieurs
points de vue, ainsi : 1° il permettra au donateur qui voudra
révoquer de se rendre compte de ce qu'il a donné et, par
suite, de ce qu'on voudra lui restituer ; 2° il donnera au
donataire le moyen de défendre sa donation contre les pour-
suites des créanciers du donateur, qui voudraient saisir les

biens donnés ; 3° il facilitera l'appréciation de la valeur de la libéralité, quand on examinera plus tard si la quotité disponible n'a pas été dépassée.

Ceux qui admettent la validité d'une donation de biens à venir pendant le mariage, ne sont point d'accord sur sa nature ; tandis que les uns voient en elle une disposition testamentaire, les autres la considèrent comme une véritable donation entre vifs ; cette opinion nous paraîtrait plus exacte ; elle s'appuie particulièrement sur la loi de 1843, qui soumet à la forme des donations ordinaires, les donations pendant le mariage, sans distinguer si elles portent sur les biens présents ou sur les biens à venir. On devrait en conclure que la donation de biens à venir doit être reçue par un notaire en présence de deux témoins, ou par deux notaires conjointement, et qu'elle doit être acceptée expressément.

Mais la question de savoir si elle doit être transcrite divise les partisans de ce système. La négative nous paraîtrait préférable, car la transcription implique l'idée d'un acte actuellement translatif de propriété. Or, la donation de biens à venir ne transmet actuellement aucun droit réel au donataire. En ce qui concerne l'état estimatif des effets mobiliers, on est d'accord pour ne point l'exiger, quand il s'agit d'une donation de biens à venir.

Si la libéralité intervenue pendant le mariage était cumulative de biens présents et à venir, la transcription et l'état estimatif seraient-ils nécessaires ? Nous le penserions. En effet, une telle donation peut se trouver transformée en une donation de biens présents. Or, une donation de biens présents, même entre époux, exige, nous l'avons vu, l'accomplissement de l'une et de l'autre formalité.

CHAPITRE II.

DE LA CAPACITÉ EN MATIÈRE DE DONATIONS ENTRE ÉPOUX.

Le mineur, âgé de moins de 16 ans, ne peut disposer en faveur de son conjoint que par contrat de mariage. Mais pourvu qu'il agisse alors avec l'assistance des personnes sous l'autorité desquelles il se trouve placé quant au mariage, il jouit de la même capacité qu'un majeur. Lorsqu'il est parvenu à l'âge de 16 ans, on lui permet de disposer par testament de la moitié de ce dont il pourrait disposer s'il avait atteint sa majorité. Mais peut-il aussi, dans cette limite, faire pendant le mariage une donation à son époux ? Nous ne le pensons pas ; car nous savons qu'elle constituerait une véritable donation entre vifs, et la demi-capacité, que l'art. 904 reconnaît au mineur âgé de 16 ans, n'est relative qu'aux dispositions testamentaires ; il est vrai que l'article 1095 apporte une exception aux articles 903 et 904 ; mais elle ne concerne que les donations par contrat de mariage. Cela résulte : 1° des termes mêmes de cet article, et 2° des conséquences auxquelles nous conduirait l'interprétation contraire. Si l'article 1095 s'appliquait aux donations pendant le mariage, la faculté accordée au mineur serait nécessairement illimitée, conformément à la dernière disposition de cet article ; le mineur n'aurait ainsi qu'une demi-capacité, quand il voudrait disposer par testament, tandis qu'il jouirait d'une capacité complète quand il voudrait disposer par donation entre vifs, alors que le législateur reconnaît lui-même que le testament est un acte bien moins dangereux que la donation, puisque le premier mode de disposition est le seul qu'il permette au mineur âgé de seize ans qui veut faire une libéralité à un étranger ; par conséquent, appliquer l'art. 1095 aux donations que les époux voudraient se faire pendant le mariage, ce serait lui accorder d'autant moins de protection que le danger auquel il s'expose est plus grand.

Mais, dit-on, s'il est vrai qu'une donation ordinaire soit un acte plus grave qu'un testament, il ne saurait en être ainsi de la donation entre époux, qui est irrévocable. Nous répondons que, malgré le droit de révocation dont jouirait ici le mineur, il y avait de bonnes raisons pour ne lui permettre que le testament ; en effet, celui-ci dans cet acte agissant seul et mystérieusement, on peut admettre qu'il n'a obéi qu'à lui-même, plus facilement que dans une donation qui suppose nécessairement l'intervention du donataire.

Ajoutons que pour revenir sur une promesse solennellement faite, pour retirer la parole donnée, il faut une force de de volonté bien plus grande que pour révoquer un simple legs. Il est à craindre que le mineur n'ait point assez d'énergie pour user du droit de révocation (*).

Nous déciderons aussi que la personne pourvue d'un conseil judiciaire ne peut seule donner à son conjoint. En effet, aux termes de l'art. 513, il ne lui est point permis d'aliéner sans l'assistance de son conseil. Or, la révocabilité qui affecte la donation entre époux, n'empêche pas qu'elle constitue une aliénation.

L'interdit ne peut évidemment rien donner tant qu'il n'a pas été relevé de son interdiction.

Avant la loi du 31 mai 1854, la mort civile dissolvant le mariage, il n'y avait pas à se demander si celui qu'elle frappait perdait le droit de disposer en faveur de son conjoint ; ceux qu'elle atteignait sont aujourd'hui privés du droit de disposer et de recevoir à titre gratuit. En conséquence, l'époux condamné à une peine perpétuelle ne peut rien don-

(*) On peut se demander s'il faut imputer, sur la quotité de biens qu'un mineur de vingt-et-un ans peut laisser par testament à son conjoint, ce qu'il lui a déjà donné par contrat de mariage. — Nous nous prononçons pour la négative.

ner à son conjoint, soit par acte entre vifs, soit par acte de dernière volonté.

D'après l'article 909, les docteurs en médecine ou en chirurgie, les officiers de santé et les pharmaciens qui auront traité une personne pendant la maladie dont elle meurt, ne pourront profiter des dispositions entre vifs ou testamentaires qu'elle aurait faites en leur faveur pendant le cours de cette maladie. Cet article doit-il s'appliquer au cas où une femme a été traitée par son mari qui est médecin? Nous ne le pensons pas, car l'article 212 nous dit que les époux se doivent mutuellement assistance. Or, il ne serait pas juste de frapper le mari d'incapacité précisément parce qu'il aurait accompli le devoir que la loi lui impose.

Toutefois, si le mariage a eu lieu pendant la maladie, et s'il paraît n'avoir été pour le médecin qu'un moyen de se soustraire à l'incapacité que l'article 909 prononce contre lui, nous croyons que sa fraude ne devrait point lui profiter et qu'il conviendrait de déclarer nulle la libéralité qu'il aurait reçue.

La donation de biens présents étant une véritable donation entre vifs, c'est uniquement au moment du contrat que la capacité des parties est requise, à l'égard du donateur. Cette règle était suivie en droit romain, bien que la donation nulle *ab initio* ne fût confirmée que par le décès du disposant. A plus forte raison doit-elle être admise aujourd'hui, puisque chez nous la libéralité est valable dès qu'elle a été consentie. On comprend du reste combien il serait dur d'ajouter la perte des avantages qu'a reçus le donataire, à la douleur que doit lui faire éprouver la condamnation ou la folie de son conjoint.

Les jurisconsultes romains exigeaient que le donataire fût capable au jour du décès du disposant. Une telle décision très-rationnelle à une époque où la libéralité n'était définitivement consolidée qu'au moment de la mort du donateur, ne saurait être admise aujourd'hui qu'elle acquiert toute sa perfection au moment du contrat.

Les auteurs qui autorisent les époux à se faire pendant le mariage des donations de biens à venir, s'entendent à reconnaître qu'il suffit que la capacité de donner existe chez le donateur à l'époque du contrat. Mais la capacité de recevoir ne doit-elle pas se rencontrer chez le donataire lors du décès du disposant? D'après Troplong, «Le caractère testamentaire » domine trop pour qu'on puisse ne pas exiger la capacité » au moment où s'opère l'acquisition par la mort du dis- » posant. » Pour nous qui avons admis que la donation de biens à venir, à la supposer permise pendant le mariage, ne pourrait être qu'une véritable donation entre vifs, la question ne saurait faire l'objet d'un doute : nous nous contenterions de la capacité de recevoir à titre de donation au moment où la libéralité est consentie.

La femme peut-elle donner à son mari son immeuble dotal? Nous ne le pensons pas; l'article 1554 est conçu en termes formels : « Les immeubles dotaux ne peuvent être aliénés pendant le mariage ni par le mari, ni par la femme, ni par les deux conjointement, sauf les exceptions qui suivent...» Or parmi les articles qu'énumèrent les cas où le législateur a cru devoir déroger au principe de l'inaliénabilité, aucun ne prévoit celui où la femme voudrait disposer entre vifs d'un bien dotal en faveur de son mari ; et même les articles 1555 1556, en nous disant que les immeubles constitués en dot pourront être donnés aux enfants, soit communs soit d'un premier lit, indiquent très-clairement que les enfants sont les seules personnes au profit desquelles il soit permis d'en disposer à titre gratuit.

L'article 1395 nous paraît s'opposer aussi à la doctrine contraire. Les conventions matrimoniales ne peuvent, dit-il, recevoir aucun changement après la célébration du mariage; or, ne serait-ce point les modifier que convenir que tel bien dont la femme avait la nue-propriété et le mari la jouissance appartiendrait désormais en pleine propriété à ce dernier; en d'autres termes, que tel bien qui avait été stipulé dotal dans le contrat de mariage, perdrait ce caractère pour devenir un propre du mari ?

Le législateur a vu dans la dot un véritable dépôt confié au mari qui doit en employer les revenus à subvenir aux charges qu'entraîne le mariage, et le conserver précieusement, afin de pouvoir le rendre un jour à la femme ou à ses héritiers. C'est pour assurer cette restitution et pour empêcher que les ressources destinées à faire face aux besoins du ménage ne soient diminuées, que le législateur a défendu l'aliénation du fonds dotal, sauf dans certaines circonstances où elle était commandée par des raisons majeures, telles qu'une nécessité impérieuse, une utilité évidente, ou l'exécution d'une de ces obligations qu'on peut considérer comme des charges du mariage. Mais dans quelle vue le législateur aurait-il permis la donation de l'immeuble dotal au mari ? La femme et les enfants ne sont-ils pas, au contraire, intéressés à ce qu'une telle libéralité ne puisse avoir lieu ? Le mari se trouvant saisi des biens qu'il aurait reçus, pourrait évidemment en disposer ; ses créanciers pourraient les saisir.

Sans doute la femme aurait le droit de révocation ; mais pourra-t-elle toujours l'exercer ? Si, postérieurement à la donation consentie, elle perd la raison, si elle est interdite, si, par conséquent, il ne lui est point permis d'user de cette faculté essentiellement personnelle, qui n'appartient qu'à elle seule, la donation faite au mari ne sera-t-elle pas en réalité irrévocable ?

Et, en admettant qu'elle puisse encore révoquer, aura-t-elle l'énergie suffisante pour faire un acte qui, blessant le mari dans ses intérêts, sera peut-être une cause de désunion et une source de troubles dans le ménage ? La mère qui aurait disposé de son immeuble dotal en faveur de son mari aura-t-elle toujours assez de force, assez de liberté pour le lui enlever, afin de le donner à un de ses enfants qu'elle veut établir ? Quelle résistance ne trouvera-t-elle pas auprès de son époux, si celui qu'elle a l'intention de doter est un enfant d'un premier lit ?

La prohibition de donner l'immeuble dotal doit être d'autant plus rigoureusement maintenue que, si de semblables libéralités étaient permises, elles seraient très-fréquentes. En effet, nulle influence n'agit aussi énergiquement sur la femme que celle du mari, et il serait à craindre que bien souvent elle ne cédât aux obsessions de ce dernier, lui demandant de lui faire une donation à laquelle elle consentirait d'autant plus facilement que, n'en éprouvant actuellement aucune diminution de jouissance, puisqu'elle porte sur des biens dont son époux perçoit déjà les revenus, elle n'en comprendra pas toute l'importance.

On a contre notre système proposé une réfutation qui repose sur cette idée, que la donation entre époux, même quand elle consiste en biens présents, ne transfère la propriété qu'au décès du disposant. Ce principe admis, on a répondu à notre premier argument qu'aux termes de l'article 1554, ce n'était que pendant le mariage que les immeubles dotaux étaient inaliénables, et que quand la femme donne à son mari un immeuble dotal, l'aliénation ne s'opère qu'au décès du disposant, c'est-à-dire à une époque où la défense de l'article 1554 ne s'applique plus. A notre second argument on aurait pu répondre également que la prohibition de modifier les conventions matrimoniales ne s'appliquait que durant le mariage, et que l'immeuble donné, ne passant au mari qu'au décès du donateur, ne cessait d'être dotal qu'à une époque où l'article 1355 ne s'opposait plus à cette transformation.

Nous espérons triompher de cette objection en démontrant, dans le chapitre suivant, l'inexactitude du principe qui lui sert de base ; mais les arguments tirés des articles 1554 et 1543 nous décideraient à maintenir la donation de biens à venir portant sur des immeubles dotaux, parce que dans ce genre de disposition ce n'est qu'au décès du donateur que la propriété passe au donataire ; il est évident, du reste, que la question ne peut s'élever que si on admet la validité de telles donations pendant le mariage.

CHAPITRE III.

La donation de biens présents entre époux transfère, suivant nous, immédiatement la propriété. En effet, l'art. 938 déclare que dès que la donation a été dûment acceptée, la propriété des biens donnés est acquise au donataire. Or, nous avons vu que la donation entre époux est une véritable donation entre vifs; par conséquent les principes qui régissent ces sortes de libéralités doivent lui être appliqués toutes les fois qu'il n'y a point été formellement dérogé par une disposition particulière, et parmi les articles relatifs aux donations entre conjoints (1094, 1100), nous n'en trouvons aucun qui renvoie la transmission de propriété au décès du disposant. Vouloir que le donataire ne devienne propriétaire qu'à la mort du donateur, ne serait-ce point ressusciter dans notre Code les donations à cause de mort dont l'abolition résulte si clairement des termes de l'article 943.

Sans doute la donation pendant le mariage est révocable ; mais cette révocabilité ne fait que l'affecter d'une condition résolutoire, qui n'empêche pas la convention à laquelle elle est attachée de produire immédiatement les effets dont elle est susceptible. C'est ainsi que lorsqu'une donation est soumise à certaines charges qui devront être exécutées dans un certain délai, la résolution qui la menace, si ces charges ne sont point accomplies dans le temps voulu, n'empêche pas qu'elle n'ait acquis sa perfection dès le jour du contrat et n'ait été dès cet instant translative de propriété.

Ce n'est pas, toutefois, que le système que nous admettons nous paraisse à l'abri de toute critique. Nous sommes obligés de reconnaître qu'il aura pour les tiers des effets désastreux, puisque leurs droits pourront se trouver anéantis par l'effet d'une révocation d'autant plus dangereuse qu'elle peut n'être que tacite. Mais tout en regrettant cet inconvénient qu'on ferait disparaître en reportant au décès du disposant la transmission de propriété, nous persistons dans notre opinion qui nous paraît être la conséquence nécessaire du système que nous avons admis sur la nature des donations de biens présents. Ce sera aux tiers qui voudront traiter avec le mari à se faire présenter l'acte qui constate son droit de propriété et à prendre leurs précautions, quand le titre qu'il leur montrera sera une donation faite par son conjoint pendant le mariage.

On a prétendu que la révocation d'une telle libéralité, de même que la révocation pour cause d'ingratitude, ne pouvait porter aucune atteinte aux droits acquis par les tiers, cela ne nous paraît point fondé. En effet, 1° il est impossible de considérer la révocation pour cause d'ingratitude comme l'exercice d'une condition résolutoire. La pensée de l'ingratitude du donataire n'ayant guère pu venir à l'esprit des parties au jour du contrat, on ne peut pas admettre qu'elles aient entendu subordonner le maintien de la donation à la condition que le donataire ne se montrerait point ingrat. La révocation n'est ici qu'une peine qui, comme toute peine en général, doit être exclusivement personnelle et n'atteindre par conséquent que le donataire. Nous avons vu au contraire que la révocation d'une donation entre époux n'est que la réalisation d'une condition résolutoire dont l'effet est toujours rétroactif. 2° En cas de révocation pour cause d'ingratitude, le législateur a prescrit une formalité après l'accomplissement de laquelle les droits que le donataire consentirait aux tiers ne seraient plus respectés; c'est l'inscription de l'extrait de la demande en révocation en marge de la transcription prescrite par l'art. 939. Or, il n'est besoin d'aucune demande pour révoquer la libéralité faite au conjoint. Les tiers ne pourraient donc pas savoir à partir de quel moment ils devraient s'abstenir de traiter avec le donataire. 3° Ajoutons que si la révocation n'avait pas d'effet rétroactif à l'égard des tiers, l'article 1096, qui déclare toujours révocables les donations entre époux, serait facile à éluder, car le donataire n'aurait qu'à aliéner les biens qu'il aurait reçus pour rendre illusoire l'exercice du droit de révocation.

Résumons sommairement les effets que produirait une donation de biens à venir, consentie entre époux pendant le mariage, dans le système qui la tient pour valable. Elle pourrait être universelle, à titre universel ou à titre particulier.

Celui qui aurait reçu une telle donation serait tenu des dettes du disposant, dans les cas et de la manière dont en serait tenu un légataire.

Un point des plus controversés est celui de savoir si le donataire de biens à venir serait tenu de former une demande en délivrance.

Pour résoudre la difficulté, nous supposerons d'abord que c'est par contrat de mariage que la donation a été faite à l'un des époux, et que c'est un tiers qui en est l'auteur.

La question ainsi présentée a donné lieu à plusieurs opinions.

Certains auteurs ont prétendu que le donataire de biens à venir jouissait de la saisine légale, et qu'en conséquence il n'avait jamais à former de demande en délivrance. Ils s'appuient sur l'autorité de l'ancien droit. Voici, en effet, ce que disait Pothier : « L'héritier contractuel étant un véritable
» héritier, lorsqu'il accepte la succession, il est censé saisi de
» même que tout autre héritier dès l'instant de la mort de
» l'instituant, suivant la règle *le mort saisit le vif*, et il peut
» se mettre en possession de tous les biens qui en dépendent
» sans en demander la délivrance. » (Introduction au titre 17 de la coutume d'Orléans.) Mais le Code, en n'accordant la saisine légale qu'aux héritiers légitimes dans l'art. 724, et en s'abstenant d'employer l'expression d'institution contractuelle, nous paraît avoir abandonné la doctrine de Pothier.

M. Duranton veut assimiler complétement les donations de biens à venir aux dispositions testamentaires, et accorder au conjoint donataire la saisine légale, dans tous les cas où elle appartiendrait à un légataire.

D'après M. Colmet de Santerre, le donataire de biens à venir devrait demander la délivrance dans tous les cas, même dans celui où un légataire en serait dispensé, c'est-à-dire quand la disposition étant universelle, il n'existe, à l'époque du décès du disposant, aucun héritier réservataire. Il se fonde sur ce que l'article 1006 étant une exception à l'article 724, qui n'accorde la saisine légale qu'aux héritiers légitimes, ne doit pas être étendu au-delà de ses termes.

Notre opinion est que le donataire de biens à venir n'a jamais besoin de former une demande en délivrance, parce qu'il jouit d'une saisine tantôt légale, tantôt contractuelle. Et d'abord il nous paraît difficile de refuser la saisine légale au donataire universel dans l'hypothèse où l'article 1006 l'accorde au légataire ; comment, en effet, celui qui n'a qu'une simple espérance née d'un acte unilatéral pourrait-il être mieux traité que celui qui peut invoquer à l'appui de son droit un titre contractuel ?

Quant au donataire universel en concours avec des réservataires, et à ceux dont le droit est à titre universel ou à titre particulier, nous ne pouvons leur accorder la saisine légale que la loi, sauf l'exception de l'art. 1006, n'attribue qu'aux héritiers légitimes. Mais à défaut de la saisine légale, ils jouissent, suivant nous, d'une saisine aussi énergique, la saisine contractuelle. En effet, les contrats peuvent avoir pour objet soit des choses corporelles, soit des choses incorporelles. Le seul consentement des parties suffit pour donner à l'acquéreur la propriété des premières et pour procurer au cessionnaire la saisine des secondes. Cela résulte de l'article 1690, qui s'occupe du transport des droits incorporels en général ; car, cet article, en disant que le cessionnaire n'est saisi à l'égard des tiers que par l'accomplissement de certaines formalités, décide par là-même qu'entre les parties la saisine passe au donataire, par le seul effet du consentement. Or, si la donation de biens à venir n'est point actuellement translative de propriété, elle donne au moins un droit de succession, qui est un droit incorporel et dont, par conséquent, le donataire doit être saisi dès qu'il a accepté la libéralité qui lui est offerte. Ainsi, il nous paraît certain que le donataire institué par un tiers dans le contrat de mariage, a la saisine conventionnelle. Les articles 1091, 1093, qui soumettent la donation entre époux par contrat de mariage aux règles établies pour les donations pareilles qui leur sont faites par des tiers, nous autorisent à reconnaître la même saisine au donataire, lorsque c'est l'époux qui, par contrat de mariage, a fait la donation de biens à venir. Et comme, dans le silence du Code sur les donations de biens à venir pendant le mariage, force est bien à ceux qui en admettent la validité de leur appliquer les principes qui régissent les donations de même nature, faites par contrat de mariage, on doit aussi accorder la saisine contractuelle à l'époux qui, durant le mariage, a été gratifié en biens à venir. Car la révocabilité qui affecte alors la libéralité n'empêche pas la saisine de passer au cessionnaire dès l'instant du contrat ; elle n'a d'autre effet que de permettre au donateur de résoudre cette saisine, s'il se repent un jour de sa générosité ; en conséquence, celui qui aurait reçu de son conjoint, durant le mariage, une donation de biens à venir ne serait pas soumis à la nécessité d'une demande en délivrance ; les fruits et revenus des biens donnés lui appartiendraient à partir du décès du disposant, que l'institution soit universelle, à titre universel, ou à titre particulier. On se borne dans la pratique à faire aux héritiers du donateur une simple sommation, afin qu'ils aient à délaisser les biens compris dans l'institution.

Donation cumulative de biens présents et à venir. — Si on la permet aux époux pendant le mariage, elle doit être régie, sauf la révocabilité consacrée par l'art. 1096, par les principes qui gouvernent les donations de même nature faites dans le contrat de mariage.

Si un état des dettes existantes au jour de la donation n'a pas été dressé, la libéralité se transforme en une pure donation de biens à venir à laquelle on appliquera les règles que nous venons d'exposer. Si cet état existe, le donataire pourra accepter la libéralité en entier, ou s'en tenir aux biens que le disposant possédait au jour de la donation. S'il prend le premier parti, il devra payer les dettes héréditaires dans le cas et de la manière dont en serait tenu un légataire ; s'il prend le second, il n'aura à acquitter que les dettes déjà contractées au moment de la donation, proportionnellement à la quotité des biens qu'il recueille.

De même que le donataire de biens à venir, celui à qui son époux a fait pendant le mariage une donation de biens présents et à venir, est saisi du jour du contrat de son droit considéré d'une manière abstraite ; par conséquent, il n'aura pas à demander la délivrance, et il aura droit aux fruits et revenus dès l'instant du décès. Cette opinion trouve un nouvel appui dans l'art. 1085, où il est dit que s'il n'a pas été dressé un état des dettes, le donataire sera obligé d'accepter ou de répudier pour le tout ; car, s'il ne jouissait pas de la saisine, qu'aurait-il besoin de répudier ? Il n'aurait qu'à ne pas demander la délivrance.

Si on croit pouvoir permettre pendant le mariage les donations que les articles 1086, 1091 autorisent formellement dans le contrat de mariage, il faudra nécessairement, vu le silence du chapitre IX à cet égard, s'en référer pour en connaître les effets aux articles qui les concernent dans le chapitre VIII.

La première clause que permet l'article 1086 est celle qui met indistinctement à la charge du donataire toutes les dettes et charges de la succession du donateur. Appliquée à une donation de biens présents faite par l'un des époux à l'autre pendant le mariage, elle ne serait point sans utilité. Nous verrons, en effet, que le fait de contracter des dettes postérieurement à la donation de biens présents n'est point une cause de révocation. Ainsi cette clause permettra de mettre à la charge du conjoint donataire des dettes qu'il n'aurait pas eu à supporter sans cela ; mais le donataire reste libre de répudier si la donation lui paraît onéreuse.

En vertu de la seconde clause, une donation par contrat de mariage peut être faite sous une condition dont l'exécution dépend de la volonté du donateur. Pendant le mariage une telle donation serait anéantie de plein droit par la réalisation de la condition résolutoire. Mais le donateur conserverait le droit de la révoquer soit avant l'événement dont l'arrivée doit entraîner la résolution du droit de conjoint donataire, soit lorsqu'il est certain que la condition est défaillie.

Enfin la dernière partie de l'article 1086 est ainsi conçue : « En cas que le donateur se soit réservé la liberté de disposer » d'un effet compris dans la donation de ses biens présents » ou d'une somme fixe à prendre sur ces mêmes biens, » l'effet ou la somme, s'il meurt sans en avoir disposé, » seront censés compris dans la donation et appartiendront » au donataire ou à ses héritiers. » Appliquée aux donations entre époux pendant le mariage, cette clause nous paraîtrait sans utilité. Elle a pour effet, dans les donations par contrat de mariage, de permettre au donateur de disposer, à titre onéreux ou à titre gratuit, d'une portion des biens donnés, si la libéralité consistait en biens présents, et à titre gratuit si elle consistait en biens à venir. Mais quelle serait son utilité pendant le mariage puisque l'époux disposant conserve alors le droit d'aliéner, tant à titre gratuit qu'à titre onéreux, les biens compris dans la donation?

CHAPITRE IV.

DES DONATIONS MUTUELLES.

Les donations mutuelles sont celles que deux ou plusieurs personnes se font réciproquement par un seul et même acte.

Ces donations sont permises en principe. Cela résulte de

l'article 960 et, par *a contrario*, de l'article 1097. Comme ces donations sont en quelque sorte la cause, la condition l'une de l'autre, l'annulation de l'une pour vice de forme ou de fond, ou sa révocation pour cause de survenance d'enfants entraîne l'annulation ou la révocation de l'autre. Mais la seconde libéralité subsisterait si c'était pour cause d'ingratitude, ou pour inexécution des charges que la première avait été résolue.

Par exception les donations mutuelles sont prohibées entre époux pendant le mariage. C'est ce qu'exprime en ces termes l'article 1097 : « Les époux ne pourront pendant le » mariage se faire aucune donation mutuelle et réciproque » par un seul et même acte. »

Cette prohibition a été inspirée au législateur par la même pensée qui lui avait fait édicter la disposition analogue de l'art. 968, relative aux testaments. Lorsque deux époux s'entendent pour se donner par le même acte, il y a tout lieu de croire que la donation faite par l'un n'a été déterminée que par celle que lui fait l'autre. A quelle règle le législateur aurait-il pu soumettre ce genre de disposition ? S'il avait déclaré que l'un des époux ne pourrait révoquer qu'avec le consentement de son conjoint, c'eût été porter atteinte à la liberté du droit de révocation consacré par l'art. 1096 ; s'il eût déclaré que chacun pourrait librement révoquer, c'eût été encourager la fraude, et la violation de la foi promise. Il aurait pu arriver que l'un des conjoints, après avoir déterminé l'autre à une pareille libéralité, révoquât pour sa part secrètement, afin d'invoquer la donation qui lui a été faite, s'il survivait, et de faire tomber celle qu'il a lui-même consentie, s'il prédécédait.

C'est pour échapper à ce dilemme que les donations mutuelles entre époux ont été prohibées. Mais la disposition de l'art. 1097 ne doit pas être étendue au-delà de ses termes, et la nullité n'atteindrait point les libéralités réciproques faites par actes distincts, auraient-elles eu lieu le même jour et devant le même notaire.

Si les époux se sont réciproquement donné par actes séparés, la clause d'après laquelle chaque donation ne produirait son effet qu'autant que l'autre ne serait pas révoquée, est-elle valable ? Coin Delisle prétend qu'il faut considérer la clause comme non écrite en tant que contraire à la loi. Nous ne saurions partager cette opinion. S'il s'agissait d'une convention par laquelle les époux renonceraient réciproquement au droit de révoquer, nous n'hésiterions pas à considérer comme nulle une pareille clause, mais il nous semble que les époux qui se font des donations réciproques par actes séparés peuvent, sans violer la loi, se prémunir respectivement, au moyen d'une disposition pénale, contre une révocation qui serait le plus souvent le résultat d'une fraude.

Etudions quelques espèces particulières. Le mari et la femme aliènent un bien commun moyennant une rente payable en totalité à l'époux survivant; la femme survit et demande le payement des arrérages de la rente ; peut-on lui opposer l'art. 1097 ? Et d'abord, il est un cas où la négative ne saurait être douteuse ; c'est celui où la femme survivante renonce à la communauté. En effet, elle peut dire qu'ayant répudié, elle est censée n'avoir jamais été commune, que par suite la rente a été constituée moyennant l'aliénation d'un bien sur lequel elle n'a jamais eu aucun droit, et que, par conséquent, elle n'a rien pu donner à son mari ; qu'il n'y a eu qu'une seule libéralité dont son mari est l'auteur et qui doit valoir, parce que, n'étant pas réciproque, elle ne tombe pas sous le coup de l'art. 1097. Mais nous allons plus loin, et sans supposer une renonciation de la femme, nous pensons que la convention serait valable ; car, en ce qui concerne les rapports des époux entre eux, elle constitue un contrat aléatoire, dans lequel chacun d'eux, espérant survivre, considère son propre intérêt ; ce n'est donc pas une donation mutuelle entachée de nullité pour avoir été consentie dans un seul et même acte.

Le mari achète un immeuble avec l'argent provenant de

la vente des biens propres de la femme, et l'acte de vente rédigé en présence des époux acceptants porte que cet immeuble est acquis en remploi des biens de la femme aliénés, et que l'usufruit demeurera au survivant ; y a-t-il là une donation mutuelle devant être annulée comme renfermée dans un seul acte ? Non, car l'immeuble acquis en remploi est devenu un propre de la femme ; si donc elle survit et garde l'usufruit, c'est en sa qualité de propriétaire et non en vertu d'une donation ; car io mari, n'ayant jamais eu la la propriété de cet immeuble, n'a pu conférer à sa femme aucun droit sur lui. Par conséquent, la clause contenue dans l'acte de vente ne peut constituer qu'une donation de la femme au mari survivant. La libéralité n'étant point réciproque n'est point soumise à la nullité consacrée par l'article 1097.

Il arrive quelquefois que les père et mère font entre leurs enfants le partage anticipé des biens composant actuellement la communauté et se réservent, dans l'acte même de partage, l'usufruit de ces mêmes biens au profit d'eux et du survivant d'eux. L'art. 1097 ne fait-il pas obstacle à la validité de cette clause ? Nous ne le pensons pas. Nous reconnaissons bien qu'elle constitue une libéralité réciproque ; mais cette libéralité n'est pas la fin dominante et directe de l'acte et ne se présente que comme une charge d'un contrat fait avec un tiers. Or, nous croyons que l'art. 1097 n'annule la donation mutuelle qui n'est point faite par actes séparés, qu'autant qu'elle est l'objet principal du contrat.

CHAPITRE V.

DE LA RÉSOLUTION DES DONATIONS ENTRE ÉPOUX.

SECTION PREMIÈRE.

DE LA CADUCITÉ.

La donation de biens présents entre époux est-elle caduque par le prédécès du donataire ? C'est là une des questions les plus controversées de la matière ; nous n'hésitons pas à nous prononcer pour la négative. En effet, la donation entre vifs dûment acceptée forme un contrat qui ne peut être annulé ou révoqué que dans les cas et pour les causes que la loi autorise. Or, en permettant la donation entre époux pendant le mariage, notre Code a déclaré seulement qu'elle serait révocable, et ne l'a par conséquent soumise qu'à une cause de révocation ou de résolution ; donc il est impossible d'introduire en outre une cause de caducité dont il n'a point parlé. Cela se peut, d'autant moins que lorsque le législateur a voulu rendre caduques par le prédécès du gratifié certaines libéralités, il l'a dit formellement. Ainsi dans l'article 1039 pour les legs, dans les articles 1082, 1084, 1086 pour les donations de biens à venir ou cumulatives de biens présents et à venir, ou sous conditions potestatives, consenties par un tiers dans le contrat de mariage en faveur de l'un des époux, enfin dans l'art. 1093, pour les donations de biens à venir ou de biens présents et à venir faites entre époux dans le même contrat ; il serait étrange que, s'il eût voulu étendre la même règle aux donations de biens présents faites par l'un des conjoints à l'autre pendant le mariage, il ne s'en fût pas exprimé comme il a eu soin de le faire dans tous les cas que nous venons d'indiquer.

Plusieurs objections ont été faites à notre système : 1° dans les pays de droit écrit, a-t-on dit, les donations par contrat de mariage étaient irrévocables ; celles consenties pendant le mariage étaient révocables ; mais les unes et les autres étaient caduques par le prédécès du donateur. Dans les pays de coutumes, les donations par contrat de mariage n'étaient point soumises à la condition de survie du donataire. Quant aux donations par contrat de mariage, elles étaient prohibées. Or, de même que le législateur a emprunté au droit coutumier ses donations de biens présents par contrat de mariage, avec les règles qui les régissaient anciennement, et les a déclarées, en conséquence, irrévocables et non caduques par le prédécès du donataire, de même en empruntant au droit écrit ses donations pendant le mariage, il a dû vouloir les admettre telles qu'elles étaient autrefois, c'est-à-dire révocables et caduques, si le donataire mourait avant le donateur. S'il avait voulu innover, il s'en serait exprimé formellement.

Nous répondons que le législateur ayant conservé aux donations de biens présents par contrat de mariage le caractère qu'elles avaient anciennement, il devait aussi maintenir la non caducité par le prédécès du donataire, qui n'est qu'une conséquence de ce caractère ; mais qu'ayant modifié la nature des donations consenties pendant le mariage, et les ayant déclarées valables, sauf révocation, au lieu de les tenir comme autrefois pour nulles, sauf confirmation, un tel changement a dû nécessairement modifier leurs effets. La présence d'un donateur capable et par conséquent vivant au moment du décès du donateur, indispensable, on le conçoit, alors qu'elles ne devenaient définitives qu'à cette époque, ne saurait plus être exigée dès qu'on admet qu'au jour du contrat elles acquièrent leur perfection.

Du reste, l'argument qu'on invoque contre notre système se retourne contre celui que nous combattons ; anciennement la donation pendant le mariage était : 1° révocable ; 2° caduque par le prédécès du donataire. Or, le Code en déclarant seulement susceptible de révocation cette donation, a montré que des deux caractères qu'elle présentait jadis, la révocabilité était le seul qu'il entendait maintenir.

2° On a argumenté par *a contrario* de l'article 1092, et on a dit : Le législateur ayant cru nécessaire de déclarer dans cet article que les donations de biens présents par contrat de mariage ne sont pas censées faites sous condition de survie du donataire, on doit en conclure que cette condition est naturellement attachée aux donations entre époux pendant le mariage, puisqu'il n'a rien dit de semblable à leur égard.

Nous ne saurions admettre ce raisonnement qui ne pourrait avoir une certaine valeur qu'autant qu'il serait établi en principe, que la caducité est de la nature des donations entre époux en général ; c'est alors seulement qu'il serait vrai de dire que les donations pendant le mariage sont susceptibles de caducité, par cela seul que le législateur ne l'a pas décidé autrement. Mais ce qui prouve l'inexactitude d'une telle proposition, c'est que l'article 1093 déclare caduques les donations de biens à venir par contrat de mariage, ce qui eût été bien inutile à dire si la caducité eût été le droit commun.

L'article 1092 a bien pour but d'établir une distinction, quant à la question qui nous occupe, entre les libéralités qu'il réglemente et une autre catégorie de donations ; mais ce n'est pas aux donations pendant le mariage qu'il faut l'opposer, c'est aux donations de biens à venir par contrat de mariage dont il est question dans l'article 1093. Cette distinction entre la donation de biens présents et la donation de biens à venir est d'ailleurs fort rationnelle. La donation de biens présents transférant immédiatement, suivant nous, la propriété, il suffit que le donataire existe au moment où s'opère cette transmission, c'est-à-dire au jour du contrat. La donation de biens à venir n'est, au contraire, qu'un don de succession qui ne se réalise qu'à la mort du disposant ; on conçoit que la loi ait exigé que le donataire soit vivant au moment où s'ouvre le droit auquel il est appelé.

3° Mais, a-t-on dit, comment admettre que la donation de biens à venir par contrat de mariage, irrévocable quant au titre, soit caduque par le prédécès du donataire, tandis que la donation entre époux pendant le mariage, essentiellement révocable, ne le serait pas ?

Cette objection suppose qu'il existe une corrélation nécessaire entre la révocabilité et la caducité ; or, l'inexactitude de cette proposition est démontrée par l'article 1093, qui déclare caduque, par le prédécès du disposant, la donation de biens à venir par contrat de mariage, qui est pourtant jusqu'à un certain point irrévocable.

Du reste, nous ne comprendrions pas pourquoi la révocabilité d'une donation aurait eu pour conséquence forcée sa caducité. Le législateur ne voit pas d'un mauvais œil les donations entre époux pendant le mariage, qu'explique et justifie la nature des rapports existants entre les parties. Sans doute il a pris certaines précautions pour empêcher que le droit qu'il reconnaissait aux époux ne dégénérât en abus, et a permis au disposant de révoquer, s'il se repentait de sa générosité ; mais tant que celui-ci ne manifeste pas cette intention, il n'est nullement intéressé à la nullité d'un acte fait conformément à ses prescriptions et ne doit pas chercher à le faire tomber. La caducité, par le prédécès du donataire, ne se comprendrait donc qu'autant qu'il serait certain que le donateur a toujours entendu exclure les héritiers de son conjoint du bénéfice de la libéralité. Mais une telle supposition ne serait nullement fondée ; c'est même l'intention contraire qui doit plutôt se présumer ; car celui qui, ayant pu révoquer pendant toute la vie du donataire, n'a point usé de cette faculté, paraît bien n'avoir pas voulu limiter à la personne de son conjoint les effets de sa générosité.

Cependant, peut-on dire, n'est-ce pas l'affection conjugale qui a été le mobile de la donation ? Or, comment celle-ci pourrait-elle subsister après le décès de l'époux en considération duquel elle avait été faite ?

L'objection est peu pressante ; et d'abord, très-souvent, ce seront les enfants communs qui recueilleront les biens donnés à leur père ou à leur mère, résultat dont ne pourrait guère se plaindre le disposant. En outre, s'il ne veut pas voir passer l'émolument de la donation aux héritiers de son conjoint, que n'use-t-il vis-à-vis d'eux du droit de révocation que la mort du gratifié ne lui a point fait perdre ? Nous ajouterons que ce ne sont pas seulement les donations entre époux qui sont provoquées par un sentiment d'affection qu'on éprouve pour la personne même du donataire ; ce sont toutes les donations en général, et cependant la loi ne les a point déclarées caduques par le prédécès du donataire. Quant aux donations de biens à venir, nous n'hésitons pas à les déclarer caduques par le prédécès du donataire.

SECTION II.

DES CAS DANS LESQUELS LA DONATION EST DE PLEIN DROIT RÉVOQUÉE.

Le divorce entraînait autrefois pour celui des époux contre lequel il était prononcé la perte des libéralités qu'il avait reçues de son conjoint. C'est ce qu'exprimait en ces termes l'article 299 :« Pour quelque cause que le divorce ait eu lieu, » hors le cas de consentement mutuel, l'époux contre lequel » il aura été admis perdra tous les avantages que l'autre » époux lui avait faits, soit par leur contrat de mariage, » soit depuis le mariage contracté. » Cet article doit-il être étendu au cas de séparation de corps ? Nous adoptons l'affirmative. En effet, la séparation de corps, abolie en 1792, ne fut rétablie en 1804 que pour donner le moyen de faire cesser la vie commune à ceux à qui leurs idées religieuses défendaient le divorce. On dut, en conséquence, vouloir que la séparation de corps produisît tous les effets du divorce qui n'étaient pas des conséquences de la dissolution même du mariage. C'est là ce que démontre le laconisme de notre Code sur la séparation de corps. Or, la révocation des donations entre époux n'était pas une conséquence de la dissolution de mariage, puisqu'elle n'avait point lieu en cas de divorce par consentement mutuel; 2° il résulte de l'article 1518, que l'époux contre lequel est prononcée la séparation de corps perd son droit au préciput stipulé en cas de survie ; or, si la loi déclare révoqué le préciput qu'elle considère comme une convention matrimoniale (1516), à plus forte raison doit-elle traiter de même les donations qui n'ont pas le même caractère d'irrévocabilité ; 3° on admet aujourd'hui que la révocation peut résulter de circonstances de nature à faire présumer chez le donateur l'intention de revenir sur la libéralité qu'il a consentie. Or, cette intention ne doit-elle pas naturellement s'induire d'une demande en séparation de corps formée contre l'époux donataire ?

L'action en séparation de corps s'éteint par la mort de l'un ou l'autre époux. Le droit de la demander ne passe donc point au survivant contre les héritiers du conjoint prédécédé ni à ces derniers contre le premier. Il y a plus, l'époux survivant ne serait pas recevable à suivre contre les héritiers de son conjoint l'action en séparation de corps qu'il avait intentée avant le décès de celui-ci, et réciproquement les héritiers de l'époux prédécédé ne seraient pas admis à continuer contre le survivant l'action introduite par leur auteur. En effet, le but de la séparation de corps est la cessation de la vie commune ; elle n'a donc plus d'objet après la mort de l'un des époux ; sans doute nous avons décidé que celui contre lequel elle serait prononcée perdrait les avantages qu'il avait reçus de son conjoint ; mais cette conséquence légale, inhérente au jugement dont elle est l'accessoire forcé, ne saurait se produire alors que la séparation de corps ne peut plus être prononcée. Admettre les héritiers à continuer l'instance, ce serait décider que la déchéance des avantages édictée par l'article 299 pourra être poursuivie directement, principalement, indépendamment de la séparation de corps, ce qui serait la violation de l'article précité qui en fait une suite du jugement qui seul peut l'engendrer.

Aux termes de l'article 1096, les donations entre époux pendant le mariage ne sont point révoquées par la survenance d'enfants. Peu importe en effet aux enfants, a-t-on dit, que les biens donnés se trouvent dans le patrimoine de leur père ou dans celui de leur mère, puisqu'ils sont appelés à succéder à l'un et à l'autre. Cette raison n'est vraie toutefois qu'autant qu'il s'agit d'enfants communs. Car si nous supposons que le conjoint donataire étant décédé sans postérité, le donateur se remarie et que cette seconde union lui donne un enfant, celui-ci aurait évidemment intérêt à la révocation de la donation, car si elle est maintenue, ce ne sera pas lui, mais les héritiers du donataire prédécédé qui en profiteront; c'est ce qui a fait penser à certains auteurs que l'article 1096 ne s'appliquait qu'au cas de survenance d'un enfant commun. Nous ne pouvons partager leur opinion que nous paraissent repousser les termes absolus de l'article 1096. Le législateur n'aura point voulu sans doute que la donation soit révoquée de plein droit par la survenance d'un enfant, parce que la faveur attachée à la qualité de conjoint a permis de supposer que le donateur qui se dépouille au profit de ce dernier a entendu le préférer même à sa postérité.

Du reste, la question présente ici bien moins d'intérêt que s'il s'agissait d'une donation par contrat de mariage. Car le mari, par exemple, qui ayant un enfant d'un second mariage voudra le préférer aux héritiers de sa première femme, n'aura qu'à révoquer la donation.

SECTION III.

DE LA RÉVOCATION FACULTATIVE.

De la nature de la révocation. — Il n'est point permis aux époux de convenir qu'ils pourront, pendant le mariage, se faire des donations irrévocables. Si la clause d'irrévocabilité eût été permise, elle serait en quelque sorte devenue de style,

ce qui serait contraire au vœu du législateur, qui désire que
le donateur puisse toujours reprendre les biens dont il s'est
dépouillé, s'il vient à se repentir de sa générosité.

Afin que le droit de révocation ne subisse aucune entrave,
l'art. 1096 permet à la femme de l'exercer sans l'autorisation
de son mari ou de justice.

Certains auteurs, entr'autres M. Demolombe, ont pensé
que la révocation d'une donation entre époux n'était point
purement potestative. Selon ce jurisconsulte, la libéralité ne
peut être révoquée par le donateur qu'autant qu'il a été
victime du dol ou de l'ingratitude du donataire; seulement, au lieu de l'obliger à prouver en justice la captation
ou l'ingratitude, la loi s'en rapporte pour l'appréciation
de ces faits à son propre jugement, de peur que, par crainte
d'un échec devant les tribunaux, ou du scandale auquel
pourrait donner lieu la demande en révocation, il n'osât
point intenter une telle action. M. Demolombe ajoute que la
donation est un contrat, qu'il est de l'essence des contrats de
produire des obligations, et que l'obligation contractée sous
une condition purement potestative est nulle.

Nous ne pouvons adopter cette opinion. Dire à l'époux disposant qu'il pourra révoquer, s'il veut et quand il voudra,
qu'il n'aura pas à faire connaître les motifs de ce changement de volonté, et que nul n'aura le droit de les rechercher,
n'est-ce point en réalité lui concéder un droit de révocation
illimité ?

On nous dit que, d'après l'art. 1174, toute obligation est
nulle lorsqu'elle est contractée sous une condition purement
potestative de la part de celui qui s'oblige. Mais comprenons
bien le sens de cet article. Ce que la loi déclare nul c'est la
convention par laquelle celui qui s'oblige se réserve le droit
de ne pas tenir sa promesse. En effet, on conçoit qu'un pareil
contrat renfermerait pour chacune des parties un droit qui
serait la négation du droit de l'autre. Car l'une pourrait
invoquer le contrat pour réclamer l'exécution de l'obliga-

tion, et l'autre pourrait aussi s'en prévaloir pour refuser de l'exécuter. Une telle convention devait être déclarée nulle *à priori*. Mais lorsqu'un des époux donne purement et simplement à l'autre, le contrat ne peut être invoqué que par celui qui en demande l'exécution, c'est-à-dire par le donataire. Quant au donateur, il peut sans doute révoquer, mais ce n'est pas dans le contrat, c'est en dehors de la convention, dans la loi, dans l'art. 1096, qu'il ira puiser son droit. Le contrat de donation ne renfermant pas deux dispositions s'annihilant réciproquement, a donc pu se former.

Formes de la révocation. — La révocation est expresse ou tacite. Le Code ne nous indique pas les formes de la révocation expresse. Avant la loi de 1843, certains auteurs avaient conclu de ce silence que le législateur n'avait entendu la soumettre à aucune forme déterminée, de sorte qu'on aurait pu admettre la validité d'une révocation contenue dans un acte sous seing privé qui n'aurait pas été écrit en entier de la main du donateur. Cette solution nous eût semblé fort contestable. En effet, il eût été étrange que la loi se montrât plus rigoureuse pour la révocation d'un testament, c'est-à-dire d'un acte émanant de la seule volonté du disposant, que pour la révocation d'une donation, c'est-à-dire d'un acte contractuel. Mais depuis la loi du 21 juin 1843, sur la forme des actes notariés, le doute ne nous paraît plus possible. En effet, cette loi exige que les actes notariés contenant révocation de testament ou de donation entre époux soient, à peine de nullité, reçus conjointement par deux notaires, ou par un notaire en présence de deux témoins. Or, dès que la révocation par acte notarié ne suffirait point, à plus forte raison devrait-on tenir pour insuffisante celle faite par un acte sous seing privé non revêtu des formes du testament. Voici ce que disait à cet égard M. Marchall, lors de la discussion de la loi de 1843 : « Il y a même intérêt à obtenir la révoca-
» tion d'une donation qu'à obtenir la donation elle-même.
» La révocation fait rentrer dans les mains du donateur les

» biens qui en étaient sortis par l'acte de donation ; la révo-
» cation d'une donation peut donc être le résultat de la
» suggestion de la part de ceux qui ont une expectative ou
» un intérêt éventuel à l'annulation de la donation ou du
» testament, de la part des héritiers du donateur, par exem-
» ple. Ainsi, il y a même péril pour la révocation d'une
» donation que pour une libéralité testamentaire. » Ce n'est
donc que par un testament, ou par un acte revêtu des formes
du testament, ou par un acte notarié reçu dans la forme
proscrite par la loi de 1843 qu'une donation entre époux
peut être révoquée.

Observons que l'acte valable en la forme, par lequel on
déclarerait révoquer tous les testaments antérieurs, ne révoquerait point la donation faite au conjoint, puisqu'elle n'est
pas un testament.

Le législateur ne s'étant pas expliqué sur la révocation
tacite des donations entre époux, il faut en conclure qu'il a
entendu s'en référer à cet égard à ce qu'il a dit sur la révocation des legs.

En conséquence, nous admettons qu'une donation entre
époux peut se trouver révoquée en tout ou en partie par
une donation ou un testament postérieurs renfermant des
dispositions contraires aux premières ou incompatibles avec
elles. Ainsi le mari qui après avoir donné sa maison à sa
femme lui en lègue l'usufruit révoque la donation de la nue-
propriété.

L'aliénation de l'objet donné entraîne également révocation, sans distinguer si elle a été pure et simple, ou si on y a
joint une clause de rachat, et, dans ce dernier cas, si le réméré
a été ou non exercé (1038). Mais si l'époux avait donné à son
conjoint tous ses biens présents et à venir, l'aliénation consentie par le donateur ne révoquerait point la donation, et le
donataire conserverait le droit de réclamer le prix de vente.
En effet, le donataire universel, de même qu'un légataire
universel, a droit au patrimoine du donateur tel qu'il se com-

porte au décès de ce dernier et, par conséquent, à la créance du prix qui, comme tout autre bien, fait partie de ce patrimoine.

Si le donateur grève l'immeuble d'usufruit ou de servitudes, la libéralité se trouve révoquée dans la mesure de ces droits.

La constitution d'hypothèque n'entraîne pas révocation, car elle n'a souvent d'autre cause que la nécessité de parer à des embarras passagers. Dès lors, quel sera son effet ? Si le donateur, ayant désintéressé les créanciers hypothécaires, a dégrevé l'immeuble, la donation sera ce qu'elle aurait été si l'immeuble n'avait jamais été hypothéqué.

Si le donateur décède sans que les biens donnés aient été affranchis de l'hypothèque, les héritiers ne sont pas tenus de les dégager ; mais si le donataire est exproprié, n'aura-t-il droit qu'à la différence entre le prix d'adjudication et les sommes dues aux créanciers, ou bien aura-t-il son recours contre les héritiers du donateur jusqu'à concurrence de ce que les créanciers prélèvent sur le prix d'adjudication ?

M. Troplong tient pour le premier parti ; mais le second nous semble plus juridique. En effet, aux termes de l'article 874 : « le légataire particulier qui a acquitté la dette dont » l'immeuble légué était grevé, demeure subrogé aux droits de » créancier contre les héritiers et successeurs à titre univer- » sel. » Or, nous pensons que cette décision doit être étendue aux donations entre époux, parce que : 1° nous avons admis, qu'en ce qui concerne la révocation des donations entre époux, il fallait s'en référer aux principes qui régissent la révocation des dispositions testamentaires ; 2° parce que le donataire de biens présents doit être traité plus favorablement qu'un légataire, puisque le premier a un droit né d'un acte contractuel, tandis que le second n'a qu'une simple espérance ; 3° parce que la disposition de l'article 874, loin d'être exceptionnelle, n'est qu'une application de l'article 1251.

Les engagements et les dettes contractés par le donateur, postérieurement à la donation consentie, n'en entraînent pas révocation. En effet, comme il arrive souvent qu'on fait erreur sur sa fortune actuelle et qu'on ne prévoit pas les causes d'appauvrissement qui peuvent survenir plus tard, on peut parfaitement croire que les dettes pourront être payées et la donation exécutée, et, en conséquence, vouloir maintenir celle-ci, tout en s'obligeant vis-à-vis des tiers.

Effets de la révocation. — L'exercice de la révocation n'est que la réalisation de la condition résolutoire qui affectait la donation. La donation révoquée est réputée non-avenue, et l'époux donataire doit rendre les biens qu'il a reçus. S'il les a aliénés ou s'il a consenti sur eux quelque droit réel, les aliénations, servitudes et hypothèques, seront rétroactivement annulées. En effet, le donataire, suivant nous, propriétaire du jour du contrat sous condition résolutoire, n'a pu céder aux tiers des droits plus solides que le sien.

A qui appartient le droit de révocation et contre qui il s'exerce. — Ce n'est pas seulement du vivant du donataire que le donateur peut user du droit de révocation ; il le conserve vis-à-vis des héritiers de son conjoint. En effet, s'il peut dépouiller ce dernier de l'avantage qu'il lui avait fait, à plus forte raison peut-il en priver ses héritiers qui, à tous égards, méritent moins de ménagements.

L'exercice du droit de révocation devant dépendre de motifs dont le disposant seul peut être juge, ne doit appartenir qu'à lui ; c'est un de ces droits exclusivement attachés à la personne, relativement auxquels les créanciers ne peuvent pas invoquer la ressource de l'article 1166. Il sera sans doute pénible pour eux de voir entre les mains du conjoint de leur débiteur des biens qui seraient leur gage, si la révocation avait lieu, mais ils ne peuvent guère se plaindre ; car si nous supposons que leur droit est plus récent que la donation, celle-ci ne leur a causé aucun préjudice, puisqu'elle porte sur des biens qui n'ont jamais été leur gage, et si leur droit est plus ancien que la donation, ils ont à s'imputer de ne pas s'être fait donner une garantie spéciale, une hypothèque, par exemple, pour se prémunir contre les aliénations que leur débiteur conservait le droit de faire.

De ce que le droit de révocation est purement personnel, il résulte que les héritiers du disposant ne peuvent pas non plus l'exercer. Il est vrai que l'article 1096, par la généralité de ses termes, pourrait autoriser l'opinion contraire ; mais il nous semble que le droit de révocation, entre les mains des héritiers du disposant, est trop dangereux pour qu'on puisse penser que le législateur ait voulu le leur laisser. Ne serait-il pas à craindre qu'ils ne l'exercent presque toujours au mépris de la volonté du défunt qui, par son inaction jusqu'au jour de son décès, a clairement démontré qu'il persistait dans son intention primitive.

Est-ce à dire que la donation sera absolument irrévocable après le décès de l'époux disposant ? Nous ne le prétendons pas. En effet, l'article 953 nous apprend qu'une donation ordinaire est soumise à trois causes de révocation : ingratitude du donataire, inexécution des charges, survenance d'enfants. L'article 1096 ne déclare inapplicable à la donation entre époux pendant le mariage qu'une seule d'entr'elles, la survenance d'enfants ; donc une telle donation reste révocable pour ingratitude ou inexécution des charges. Entre les mains du donateur l'exercice de la révocation étant indépendant de tout motif, cette observation n'offre aucun intérêt tant qu'il vit. C'est uniquement à son décès que son utilité se révèle.

Les héritiers qui ne pourraient pas invoquer l'article 1096 pour révoquer purement et simplement la donation consentie par leur auteur, jouissent donc du droit d'agir en révocation pour cause d'ingratitude ou pour inexécution des charges. Du reste on ne pourrait guère décider que les héritiers du disposant resteraient désarmés contre un donataire qui , oublieux de tous les devoirs que la reconnaissance lui imposo, so serait rendu coupablo d'ingratitudo onvers son bienfaitour ou aurait négligé d'accomplir los chargos qui lui avaiont été imposéos commo condition do la libéralité qui lui ètait faito.

Il nous rosto sur co sujot uno dernièro quostion. L'art. 955 énumérant los faits qui constituont l'ingratitudo, cito : los sévicos, délits ot injuros gravos. Los délits sont tous faits punis par la loi pénalo ; or, los articlos 336, 337, 338, 339, punissout l'adultèro. L'adultèro ost donc un délit pour loquel on pout demander la révocation d'uno donation ; los héritiors du donatour pourront-ils donc, on prouvant l'adultèro du conjoint survivant, fairo révoquor la libéralité qu'il a roçuo ? Et d'abord co droit nous paraît devoir ètro refusé aux héritiors du mari, car, pour réussir, il faudrait qu'ils dénoncont l'adultèro do la femmo. Or, aux tormos do l'articlo 336 du Codo pénal, l'adultèro do la femmo no pout ètro dénoncé quo par lo mari. En outro, l'articlo 337, on nous disant quo lo mari rosto maîtro d'arrêtor l'offot do la condamnation prononcéo contro sa femmo, achèvo do nous prouvor quo l'action pénalo, à fin d'adultèro, ost un droit attaché à la puissanco maritalo, droit qui doit s'éteindro avec ollo ; or, il ost logiquo do décidor quo co qui est vrai do l'action pénalo, l'ost aussi do l'action civilo.

Quant aux héritiors do la femmo, bion quo los tormos do l'articlo 338 soient moins formols quo ceux do l'articlo 336, nous pensons qu'ils no pourraient pas non plus prouvor l'adultèro du mari, à l'offot do fairo révoquor la donation qu'il tonait do la défunto.

CHAPITRE VI.

DE LA QUOTITÉ DISPONIBLE ENTRE ÉPOUX.

SECTION PREMIÈRE.

GÉNÉRALITÉS.

Le Code a apporté une restriction au droit absolu de propriété en défendant de faire, au préjudice de certains parents, des libéralités excédant un taux qu'il détermine. Les parents dont la loi a ainsi sauvegardé les intérêts sont les ascendants et les descendants. Elle ne s'est point préoccupée des frères et sœurs, qu'elle devait cependant d'autant moins abandonner, ce nous semble, qu'elle même les préfère, dans la succession *ab intestat*, aux ascendants autres que père et mère. Ce sont les articles 913, 915, 916 qui fixent la quotité disponible ordinaire, c'est-à-dire la portion de biens dont on pourra disposer à titre gratuit. Si le défunt n'a laissé aucun héritier en ligne directe, les libéralités qu'il a consenties ont pu absorber la totalité de son patrimoine ; s'il laisse des ascendants dans chaque ligne, il n'a pu disposer que de la moitié ; s'il n'en laisse que dans une, la quotité disponible est des trois quarts. Enfin, s'il laisse des descendants, le chiffre de la quotité disponible varie suivant leur nombre. Elle est d'une moitié, s'il ne laisse qu'un enfant ; d'un tiers, s'il en laisse deux ; d'un quart, s'il en laisse trois ou un plus grand nombre.

La quotité dont on ne peut disposer forme la réserve qui est une portion de la succession *ab intestat* et à laquelle, par conséquent, on ne peut prétendre que si on est héritier.

Il semble que la quotité disponible devrait toujours être au moins aussi forte, quand on la donne à son conjoint, que lorsqu'on en dispose en faveur d'un étranger. La nature des rapports existants entre celui qui dispose et celui qui reçoit ne rend-elle pas une telle donation plus favorable que toute autre? N'est-ce point même un véritable devoir pour l'époux qui sent approcher la mort d'assurer l'avenir de son conjoint, en lui procurant les moyens de vivre dans l'aisance, afin qu'il ne soit pas à la merci de ses enfants et qu'il puisse conserver dans la société le rang qu'il y avait occupé durant le mariage?

C'est là ce qu'avaient compris les législations anciennes, le droit romain et les pays de droit écrit, qui avaient admis la quarte du conjoint pauvre, et les pays de droit coutumier qui avaient établi, dans l'intérêt de l'époux survivant, le douaire, l'augment et le contre-augment de dot.

Les gains de survie n'ont pas été maintenus par les législateurs modernes, qui ont voulu que l'époux survivant tînt désormais ces avantages de son conjoint lui-même plutôt que de la loi, dans l'espérance qu'il s'efforcera de les mériter par sa bonne conduite et son dévouement.

Mais ce qui peut paraître tout d'abord singulier, c'est que la quotité disponible en faveur du conjoint, qui est quelquefois supérieure à la quotité disponible ordinaire, ce qu'expliquent les considérations que nous venons de faire valoir, lui soit quelquefois inférieure, de telle sorte que, relativement au même droit, la qualité d'époux paraît être tantôt un titre de faveur, tantôt un titre de défaveur.

Certains commentateurs ont été tellement choqués de ce résultat, qu'ils ont pensé que l'on pourrait toujours donner à l'époux autant qu'à un étranger. Nous espérons démontrer bientôt l'inexactitude de ce système.

Les questions que nous avons traitées dans les chapitres précédents sont spéciales aux donations consenties pendant le mariage. La plupart de celles que nous allons aborder sont au contraire communes aux dispositions entre époux par contrat de mariage et à celles intervenues pendant le mariage.

SECTION II.

DÉTERMINATION DE LA QUOTITÉ DISPONIBLE LORSQUE L'ÉPOUX SEUL A ÉTÉ GRATIFIÉ.

Pour déterminer le quantum de la quotité disponible, nous distinguerons successivement plusieurs hypothèses :

1° L'époux n'a ni ascendants ni descendants.

2° L'époux a des ascendants seulement.

3° L'époux a des ascendants autres que père et mère, et des frères et sœurs.

4° L'époux a ses père et mère, et des frères et sœurs.

5° L'époux a des enfants communs.

6° L'époux a des enfants d'un premier lit.

7° Enfin, nous aurons à examiner l'influence qu'exerce sur la quotité disponible la présence d'un enfant naturel.

Iʳᵉ Hypothèse : *Le disposant n'a ni ascendants ni descendants.* —La quotité disponible est de la totalité des biens;

IIᵉ Hypothèse : *Le disposant ne laisse que des ascendants.* —Dans ce cas, l'article 1094 lui permet de disposer en faveur de son conjoint de tout ce dont il pourrait disposer en faveur d'un étranger, et, en outre, de l'usufruit de la totalité de la portion dont la loi prohibe la disposition « au préjudice des héritiers. »

Mais pourquoi n'avoir pas plus simplement dit : « au préjudice des ascendants », puisque le premier paragraphe de notre article supposant qu'il n'existe pas de descendants, il ne peut y avoir d'autres héritiers réservataires que les ascendants ?

Ces mots « au préjudice des héritiers » s'expliquent historiquement. L'article 16 du projet accordait une réserve non-seulement aux ascendants, mais encore aux frères et sœurs et descendants d'eux, aux oncles et aux cousins germains. L'article 151 qui déterminait la quotité disponible entre époux s'était servi du mot « héritiers, » pour comprendre sous une expression générale tous les réservataires mentionnés dans l'article 16, et éviter ainsi une énumération nouvelle. A la suite de la suppression de la réserve des collatéraux, on aurait dû substituer les mots « au préjudice des ascendants » à ceux dont s'était servi l'article 151. Ce changement fut demandé par le Tribunat, mais on ne tint aucun compte de sa réclamation, et l'article 1094 reproduisit textuellement les termes de l'article du projet.

Quoi qu'il en soit, il résulte de l'article 1094, que s'il y a des ascendants dans les deux lignes, le conjoint a pu recevoir la moitié en pleine propriété et la moitié en usufruit, et que s'il n'y en a que dans une, il aura pu recevoir les trois quarts en pleine propriété et un quart en usufruit.

La réserve de l'ascendant se trouve donc réduite à un droit de nue-propriété. Il n'est ainsi appelé à jouir de la portion de biens que la loi lui assure qu'autant qu'il survivra à son gendre ou à sa bru. Or, si l'on songe que les ascendants sont presque toujours beaucoup plus vieux que le conjoint de leur enfant et que parconséquent il est très-probable qu'ils mourront avant lui, on comprendra combien est illusoire la réserve que la loi leur accorde. Aussi cette disposition de l'article 1094 a-t-elle été l'objet des plus vives critiques. « Il est véritablement dérisoire, disait M. de Maleville, de » renvoyer les ascendants pour la jouissance de leur légitime » à la mort de leur gendre ou de leur bru, qui ont ordinaire- » ment de moins qu'eux l'âge d'une génération. »

On a entrepris cependant la justification de la loi.

L'affection conjugale, a-t-on dit, prime celle que l'on éprouve pour l'ascendant. On aurait donc pu ne rien laisser à ce dernier ; à plus forte raison a-t-on pu ne lui laisser qu'un droit de nue-propriété.

Nous ne saurions admettre ce raisonnement. Convient-il, quand le défunt a disposé en faveur de son conjoint, de s'occuper des ascendants? Telle est la question qu'avaient à se poser les rédacteurs du Code ; y répondaient-ils négativement, ils devaient leur refuser toute réserve ; y répondaient-ils affirmativement, ils devaient leur en donner une qui fût sérieuse.

Mais l'ascendant pourra vendre sa nue-propriété et jouir du prix qu'il en retirera.

Il le pourra sans doute, mais qui ne sait combien se vend mal une nue-propriété , quand l'usufruit repose sur une jeune tête. Ah, si on eût admis la proposition inverse, si on eût permis de donner au conjoint la nue-propriété de la réserve de l'ascendant, le résultat auquel on eût abouti eût été beaucoup plus équitable ; l'usufruit reposant sur la tête d'une personne âgée, la nue-propriété aurait eu une valeur assez considérable , et l'augmentation du disponible en faveur de l'époux eût été encore bien convenable.

Mais, objecte-t-on, ce système aurait-eu pour effet de faire passer les biens donnés à des personnes qu'aucun lien de parenté n'unit au défunt, tandis que dans le système de la loi, ils ne sortent pas de sa famille.

Nous répondons que, cette objection suppose que les rédacteurs du Code ont voulu établir la réserve non-seulement dans l'intérêt des ascendants eux-mêmes, mais encore dans l'intérêt des parents quels qu'ils soient. Or cela est faux et ce qui le prouve c'est qu'à défaut d'ascendants, la loi n'accorde aucune réserve aux collatéraux.

Enfin, on a invoqué une dernière raison pour défendre le système consacré par le Code. On a dit qu'il ne changeait ni la position de l'époux, ni celle de l'ascendant, et que celui-ci recueillait même une nue-propriété sur laquelle son âge ne lui permettait guère de compter, puisque d'après l'ordre de la nature il devait mourir avant son enfant.

Mais il n'est pas exact, selon nous, de prétendre que le décès de l'époux disposant ne change rien à la situation de l'ascendant et à celle du conjoint, car le premier ne peut plus demander de pension alimentaire à son enfant, puisqu'il est mort, ni à sa bru, puisqu'il n'existe, nous le supposons, aucun descendant issu du mariage qu'avait contracté son fils ; sa condition est donc devenue pire ; tandis que celle de l'époux s'est améliorée, puisqu'il jouira seul des revenus qu'il partageait autrefois avec son conjoint.

L'attribution à l'époux de l'usufruit de la réserve des ascendants a paru si injuste à certains esprits, qu'ils ont pensé qu'elle ne pouvait résulter que d'une clause expresse et spéciale de la donation ; conformément à cette opinion, un arrêt de la cour d'Agen, du 28 novembre 1827, avait décidé qu'une disposition universelle ne suffisait pas pour que le mari donataire puisse réclamer l'usufruit de la réserve des ascendants.

Cet arrêt nous paraît mal rendu ; si injuste que puisse paraître la loi, elle est formelle ; celui qui dispose de tous ses biens en faveur de son époux entend lui donner tout le disponible ; or, le disponible comprend évidemment l'usufruit de la réserve des ascendants, en vertu de l'article 1094.

III° Hypothèse : *L'époux a des frères et sœurs et des ascendants autres que père et mère.* — Peut-il donner à son conjoint la totalité des biens, ou seulement une moitié en pleine propriété, et une moitié en usufruit, ou les trois quarts en pleine propriété et un quart en usufruit, suivant qu'il laisse des ascendants dans les deux lignes ou dans une seule. Plusieurs opinions ont été émises. Dans les unes, on refuse toujours la réserve à l'ascendant ; dans les autres, on la lui accorde toujours.

Quant à nous, nous distinguerons si les frères et sœurs acceptent ou s'ils renoncent.

1° *Ils acceptent la succession.* Dans ce cas, ils sont héritiers, et l'ascendant n'a point de réserve ; le conjoint légataire universel se trouvant en présence des frères et sœurs qui ne sont point réservataires, le défunt a pu lui tout donner.

On a contre ce système fait l'objection suivante : les frères et sœurs n'ayant droit à aucune réserve sont exclus de l'hérédité du jour de l'ouverture de la succession par le légataire universel qui a la saisine; les frères et sœurs étant ainsi écartés, le légataire se trouve en présence d'ascendants, qui eux ont droit à une réserve.

Il est facile de répondre : que la présence du légataire universel prive les frères et sœurs de l'émolument de la succession, cela est évident ; mais ce qui est faux, c'est qu'elle leur enlève le titre d'héritier, titre qui n'est pas entièrement inutile, puisqu'il maintient le droit éventuel à la succession, droit en vertu duquel celui qui en est investi profiterait de la renonciation du légataire universel, et pourrait le faire déclarer incapable de recueillir le legs, ou faire annuler le testament, s'il lui paraissait avoir été capté ou renfermer quelque irrégularité de nature à en entraîner la nullité. Donc, tant qu'ils ne renoncent pas, les frères et sœurs restent héritiers, et cela suffit pour que cette qualité n'appartienne pas aux ascendants, qui, dès lors, ne peuvent réclamer aucune réserve.

2° *Les frères et sœurs renoncent.* Ils sont alors réputés n'avoir jamais été héritiers (art. 785), et par suite, c'est en présence de l'ascendant héritier réservataire que s'est trouvé le légataire universel au moment du décès du testateur. Par conséquent, il n'a pu recevoir que la quotité de biens déterminée par l'art. 1094.

Ceux qui pensent que l'ascendant ne peut jamais avoir de réserve, objectent que les frères et sœurs étant écartés par le légataire universel, la renonciation qu'ils feraient serait nulle comme étant sans objet.

Mais nous savons qu'elle n'est pas sans objet, puisqu'ils abdiquent un titre qui n'est point dénué de toute utilité.

On a aussi prétendu que c'était par un fait postérieur au décès, la renonciation des frères et sœurs que l'ascendant devenait héritier, et non par suite de sa vocation légale ; que, par conséquent, il ne pouvait avoir plus de droits que ceux dont il prenait la place.

Cette objection nous paraît méconnaître l'art. 785 dont le but est de faire considérer le renonçant comme n'ayant jamais été héritier et, par suite, celui qui a accepté à son défaut comme l'ayant été dès l'instant de la mort du *de cujus*, en vertu de sa vocation légale, avec tous les effets que la loi attache à cette vocation et, par conséquent, avec le droit à la réserve, quand il est un de ceux dans l'intérêt desquels la loi l'a établie.

Enfin, on a fait une critique de l'ensemble du système, en prétendant qu'il favorisait la fraude, les frères et sœurs pouvant se faire payer par le plus offrant du conjoint ou de l'ascendant leur renonciation ou leur acceptation.

Un tel résultat ne saurait nous surprendre, quand on voit combien a été peu logiquement conçue cette partie de notre Code. Ainsi n'est-il pas étrange, que la loi accorde une réserve aux ascendants qu'elle n'appelle dans la succession légitime qu'après les frères et sœurs auxquels elle n'en accorde aucune.

Si regrettables que soient les conséquences du système que nous avons cru devoir admettre, elles ne suffisent pas pour faire écarter une opinion qui repose sur des arguments aussi sérieux que ceux que nous avons donnés.

IVme Hypothèse. — *L'époux laisse des frères et sœurs, son père et sa mère, ou l'un d'eux seulement.* — Si nous supposons que l'époux disposant est majeur, il n'y a aucune difficulté : la réserve des père et mère étant d'une moitié s'ils existent tous deux, et d'un quart si l'un d'eux était prédécédé, le conjoint légataire universel aura droit à une moitié en propriété, plus une moitié en usufruit dans le premier cas, et aux trois quarts en propriété plus un quart en usufruit dans le second. L'excédant appartiendra aux ascendants ; quant aux frères et sœurs, ils n'auront rien à prétendre.

Mais si l'époux est mineur nous arrivons à un résultat singulier. Supposons le père seul existant, et représentons la succession par huit huitièmes ; faisant d'abord abstraction de l'usufruit dont la loi permet de disposer en faveur du conjoint, voyons ce que l'époux mineur pourrait lui laisser en pleine propriété. S'il était majeur, il pourrait lui donner six huitièmes ; il ne pourra, vu sa minorité, lui laisser que trois huitièmes. Nous attribuerons au père les deux huitièmes qui constituent sa réserve, et le surplus, trois huitièmes, appartiendra aux frères et sœurs. L'époux pourrait en outre disposer en faveur de son conjoint de deux huitièmes en usufruit ; puisqu'il est mineur, il ne pourra lui léguer à ce titre qu'un huitième, et ce huitième sera prélevé uniquement sur la part de l'ascendant ; car, d'après l'art. 1094, c'est uniquement l'usufruit de la portion réservée que la loi permet de donner au conjoint. Il suit de là que le père, que la loi préfère aux frères et sœurs puisqu'elle lui attribue une réserve, supportera néanmoins tout seul la charge de l'usufruit, tandis que ces derniers qu'elle ne range point parmi les réservataires, en seront complétement affranchis.

Vme Hypothèse : *L'époux ne laisse que des enfants communs.* — Le paragraphe 2 de l'art. 1094 est ainsi conçu : « Et » pour le cas où l'époux donateur laisserait des enfants ou » descendants, il pourra donner à l'autre époux ou un quart » en propriété et un autre quart en usufruit, ou la moitié » de tous ses biens en usufruit seulement. » Le sens de cet article a été vivement discuté. Si l'on s'en tient à son texte, on doit décider que la quotité disponible entre époux est tantôt inférieure, tantôt supérieure à celle du droit commun. Ainsi, s'il n'y a qu'un seul enfant, le conjoint ne pourra recevoir qu'un quart en pleine propriété et un quart en usufruit ; tandis qu'un étranger aurait pu recevoir la moitié en pleine propriété ; tandis que s'il y a trois enfants, il pourra recevoir en sus du disponible ordinaire un quart en usufruit. Ce système n'a pas été accepté par tous les auteurs ; plusieurs d'entre eux ont pensé que l'art. 1094 n'avait pour but que d'étendre, dans certaines circonstances, la quotité disponible en faveur du conjoint, l'époux disposant restant libre d'ailleurs de s'en tenir au disponible fixé par l'article 913, toutes les fois qu'il est supérieur à celui déterminé par l'art. 1094.

Voyons d'abord à l'aide de quels arguments les partisans de ce système ont entrepris de le défendre :

1° Dans notre droit, la capacité est la règle et l'incapacité l'exception. Nous trouvons une application de ce principe au chapitre II du titre des donations, dans l'art. 902 : « Toutes » personnes peuvent disposer et recevoir, soit par donation » entre vifs, soit par testament, excepté celles que la loi a » déclarées incapables. » Le chapitre III fixe la mesure de cette capacité. L'article 913 notamment la détermine dans le cas où le disposant laisse des descendants issus de son mariage avec le conjoint donataire. Donc, si nous ne rencontrons aucun texte qui restreigne la capacité respective des époux ayant des enfants communs, nous devrons dire qu'ils peuvent disposer l'un au profit de l'autre dans les limites de l'art. 913. Or, ce texte restrictif, nous ne le trouvons ni dans le chapitre II qui énumère les incapacités, ni dans le chapitre III qui fixe la quotité disponible ; s'il existe, ce ne peut donc être que dans le chapitre qui traite des dispositions entre époux. S'y trouve-t-il ? Non, car l'art. 1094, qui est le seul dont on pourrait essayer de se prévaloir, n'est pas conçu en termes restrictifs. En effet, il résulte de ces mots : « l'époux pourra » qu'il renferme une faculté dont le disposant est libre de ne pas user, s'il préfère s'en tenir au droit commun. Si le législateur eût voulu que le quart en propriété et le quart en usufruit, dont il permet de disposer en faveur du conjoint, fût un maximum qui ne pût jamais être dépassé, il se fût servi d'une locution prohibitive ; car c'est une règle de tout temps observée que les incapacités se formulent non par des locutions potestatives, mais par des locutions prohibitives. On peut s'en assurer en lisant la constitution *Hac edictali* en droit romain, le premier chef de l'Edit des secondes noces et l'art. 282 de la coutume de Paris, qui défendait les libéralités entre époux dans notre ancien droit ; enfin les articles 907, 908, 909, 912, 913, 915, 1098, dans notre Code.

2° Il suffit d'examiner attentivement les travaux préparatoires du Code, pour se convaincre que l'intention du législateur a toujours été de favoriser l'époux. D'après le projet primitif présenté à la commission législative des Cinq-Cents, le 8 frimaire an VIII, la quotité disponible était fixée à un quart, si le défunt laissait des enfants ; à la moitié s'il laissait des ascendants ou des frères et sœurs ou descendants d'eux ; aux trois quarts, s'il laissait des oncles, grands-oncles, ou des cousins germains (art. 16). Ainsi le chiffre de la quotité disponible variant suivant la qualité des réservataires, était au contraire indépendant de leur nombre. Quant à l'art. 151, qui réglait la quotité disponible entre époux, il n'était autre que l'art. 1094 actuel. On voit par là que l'époux était toujours mieux traité qu'un étranger.

Les commissaires du gouvernement acceptèrent les idées de Jacqueminot, et le second projet, qui n'était que la reproduction du premier, fut porté au Conseil d'Etat. On discuta l'art. 16 dans la séance du 21 pluviôse an VIII, et le Conseil adopta l'amendement présenté par Cambacérès, qui graduait le disponible d'après le nombre de descendants que laissait le disposant, et le fixait à la moitié s'il n'en laissait qu'un, à un tiers s'il en laissait deux, à un quart s'il en laissait trois ou un plus grand nombre. Cet art. 16 est devenu l'art. 913 de notre Code. L'art. 172 (art. 151 du premier projet) fut ensuite accepté sans discussion dans la séance du 27 ventôse de la même année.

L'harmonie entre l'art. 16 et l'art. 151 se trouva ainsi rompue. Tandis que le disponible entre époux restait invariable, le disponible ordinaire s'élevait, suivant les circonstances, au point de pouvoir devenir supérieur au premier. Mais ce résultat ne fut pas intentionnel. Car si les législateurs avaient voulu se départir à l'égard du conjoint des sentiments de bienveillance qu'ils lui avaient jusqu'alors témoignés, au point de lui retirer la faveur qu'ils lui avaient d'abord accordée, pour l'exclure du bénéfice du droit commun, les travaux préparatoires du Code feraient certainement connaître les motifs d'un tel changement ; or, ils sont muets à cet égard ; ce silence nous prouve que l'intention primitive a subsisté, et que le Conseil d'Etat entendait que le disponible entre époux participât à tous les accroissements que pourrait recevoir le disponible ordinaire.

Le jour même où fut adopté l'art. 172, on discuta l'art. 176 ainsi conçu : « L'homme ou la femme qui, ayant des enfants » d'un autre lit, contractera un second ou subséquent ma- » riage, ne pourra donner à son nouvel époux qu'une part » d'enfant le moins prenant, et en usufruit. » Cambacérès proposa d'autoriser l'attribution de la part d'enfant en pleine propriété, et M. Berlier ajouta : « qu'en accordant au nouvel » époux la faculté de recevoir une part d'enfant même en » propriété, ce qui est raisonnable, il est peut être convena- » ble de modifier cette règle : car, s'il n'y avait qu'un enfant » ou deux du premier mariage, le nouvel époux pourrait, en » partageant avec eux, avoir la moitié ou le tiers de la suc- » cession. » En conséquence, il proposa de décider que la part du conjoint ne pourrait jamais dépasser le quart des biens. Cette proposition fut adoptée, et si elle le fut c'est que le Conseil, comme M. Berlier, comprenait que le tempéra- ment qu'elle apportait à l'art. 176, modifié par l'amendement Cambacérès, était indispensable pour que le second époux ne pût recevoir la moitié ou le tiers de la succession, quand il n'y aurait qu'un ou deux enfants.

Or, ce qu'il aurait pu recevoir, en l'absence de cette dispo- sition restrictive, le premier époux, qui a toujours été traité plus favorablement, pouvait certainement le recevoir aussi ; et l'amendement Berlier ne le concernant pas, sa capacité a dû rester ce qu'elle était primitivement.

La Section du Tribunat proposa la modification suivante à

la rédaction de l'art. 1094 : « L'époux pourra, soit par con-
» trat de mariage, soit pendant le mariage, pour le cas où il
» ne laisserait pas d'enfants, donner à l'autre époux par
» donation entre vifs ou testamentaire tout ce qu'il pourrait
» donner à un étranger, et en outre l'usufruit de la totalité
» de la portion dont la loi prohibe la disposition au préju-
» dice des ascendants ; et pour le cas où l'époux donateur
» laisserait des enfants ou descendants, il pourra donner à
» l'autre époux ce dont il pourrait disposer en propriété, ou
» la moitié de tous ses biens en usufruit seulement. »

Cette rédaction aurait levé tous les doutes et aurait démontré évidemment que l'intention des législateurs était de
traiter l'époux aussi favorablement qu'un étranger. Mais on
ne tint aucun compte de cette proposition, et l'article 1094
fut maintenu tel quel. Faut-il en conclure que l'idée émise
par le Tribunat fût repoussée par le Conseil d'Etat? Non; c'est
uniquement parce qu'elle lui parut suffisamment exprimée
par la rédaction primitive de l'article 1094 qu'il ne voulut
pas le modifier.

Enfin, le quatrième projet fut soumis au Corps législatif
qui le vota tel qu'il lui fut présenté. Cette assemblée dut
par conséquent continuer à voir dans l'article 1094 une
disposition de faveur pour l'époux.

3° Ne serait-il pas souverainement injuste qu'un époux ne
pût être aussi bien traité qu'un étranger. Ce peut-il que le
législateur ait voulu faire un titre de défaveur de la qualité
d'époux qui, dans la pensée de tout le monde, devrait être
un titre de faveur.

4° Qui ne voit, du reste, combien serait peu logique le système contraire. S'il n'y a ni descendants ni ascendants, le
conjoint est aussi bien traité que l'étranger, s'il y a des
ascendants ou plus de deux enfants, il est mieux traité que
lui. Et quand il n'y a qu'un ou deux enfants il serait traité
plus défavorablement ! Comment expliquer une telle bizar-
rerie? Comment, dans le même article, la qualité du dona-

taire pourrait-elle tantôt motiver une extension du disponible en sa faveur, tantôt l'exclure du bénéfice du droit commun ? Et ce qu'il y aurait de plus singulier c'est que la fraction de biens dont il pourrait être gratifié serait supérieure à la quotité disponible ordinaire, précisément quand il y aurait un assez grand nombre de réservataires, tandis qu'elle lui serait inférieure lorsqu'il n'y en aurait qu'un ou deux. Le législateur qui aurait pensé que la moitié des biens du disposant serait une réserve insuffisante pour un seul enfant, voudrait, s'il y en avait trois, que chacun d'eux se contentât d'un sixième en propriété et d'un douzième en nue-propriété !

5° L'article 1094 atteint non-seulement les libéralités faites pendant le mariage, mais encore les donations par contrat de mariage. Or, ces dernières ont été à plusieurs points de vue favorisées par notre Code. La capacité de disposer, la forme et les modalités de la disposition, tout a été privilégié. Comment se pourrait-il qu'en ce qui concerne la quotité de biens qu'elles peuvent comprendre, la faveur de la loi se soit changée en rigueur ?

6° Enfin, à l'appui de cette opinion, on peut citer les paroles du tribun Duveyrier dans son rapport au Tribunat sur le titre du contrat de mariage : « La défense faite aux époux par les » coutumes de s'avantager entre eux n'existe plus ; un mari » peut donner à sa femme, une femme à son mari, comme à » toute autre personne, la quotité disponible de ses biens. »

Si graves que soient ces considérations, elles ne nous ont pas convaincu, et nous croyons qu'en aucun cas le conjoint ne peut recevoir au-delà de la quotité fixée par l'art. 1094. En effet :

1° Les articles qui régissent la quotité disponible entre époux prévoient toutes les hypothèses qui peuvent se présenter, celle où l'époux disposant laisse des ascendants, (1094, 1°), celle où il laisse des enfants issus de son mariage avec le conjoint donataire (1094, 2°), celle où il laisse des enfants d'un premier lit (1098). Que conclure de là, sinon que ces articles forment un tout complet, qu'ils se suffisent à eux-mêmes et qu'on ne saurait dès lors les combiner avec les articles qui fixent la quotité disponible ordinaire, à moins d'un renvoi formel?

2° Les partisans du premier système nous disent que la capacité est la règle et l'incapacité l'exception, et qu'à moins d'un texte formel, les époux peuvent se donner dans la limite fixée par l'article 913, et si on leur oppose l'article 1094, ils nous répondent que cet article ne renferme qu'une faculté, parce que s'il contenait une restriction, il serait conçu en termes prohibitifs comme les articles 915, 916, 1098, etc. Nous pensons que c'est donner trop d'importance à une tournure de phrase. L'article 1094 nous paraît exprimer précisément ce qu'on prétend qu'il n'exprime pas; car dire qu'une personne pourra disposer jusqu'à telle somme, n'est-ce pas dire implicitement, sans doute, mais très-clairement, qu'elle ne pourra disposer au-delà de cette somme ?

3° D'ailleurs, pourquoi voudrait-on que l'article 1094 soit conçu en termes prohibitifs ? Parce que, dit-on, il déroge au droit commun, en défendant de donner au conjoint ce que l'article 913 permet de donner à toute autre personne ; c'est-à-dire qu'on pose en règle générale qu'on ne peut déroger au droit commun qu'avec une formule prohibitive. Or, il est facile de démontrer l'inexactitude de cette proposition. En effet, aux termes de l'article 544 : « La propriété est le » droit de disposer de sa chose de la manière la plus » absolue. » Toute disposition qui limitera ce droit constituera donc une dérogation au droit commun, et c'est bien là ce que reconnaissent les adversaires de notre doctrine, puisqu'ils font observer que c'est pour cela que les articles 913, 915, 916, 1098, sont conçus en termes prohibitifs. Or, le premier paragraphe de l'article 1094 apporte à l'article 544 une dérogation de même nature que celle que renferment les articles précités, puisqu'il défend de disposer d'un quart ou d'une moitié en nue-propriété au préjudice des ascendants ; elle n'en diffère que par l'étendue. Si donc le système des adversaires était vrai, le premier paragraphe de l'art. 1094 devrait être conçu en termes prohibitifs. Or, les expressions dont s'est servi le jurisconsulte sont au contraire facultatives. Qu'en conclure, sinon qu'une dérogation au droit commun peut résulter d'une formule qui n'est point prohibitive.

En admettant, du reste, qu'il faille nécessairement une locution prohibitive pour écarter l'application de l'art. 913, nous la trouvons dans l'article 1099 qui n'est que le complément de l'article 1094 dont il a pour but de garantir l'observation ; qu'on ne prétende pas qu'il ne se réfère qu'à l'article 1098 ; le pluriel « dispositions » nous prouve qu'il a eu aussi en vue l'article 1094 ; car les articles 913, 914 sont trop éloignés pour qu'on puisse admettre que c'est à eux qu'a songé le législateur.

4° L'argument que nos adversaires tirent des travaux préparatoires est sans contredit le plus spécieux, mais il ne nous paraît pas moins facile à réfuter.

Il est bien certain que, d'après le projet Jacqueminot, on voulait toujours mieux traiter l'époux que l'étranger, mais on ne saurait en conclure qu'on ait eu l'intention de faire profiter le conjoint de tous les accroissements que pourrait recevoir, dans la suite, la quotité disponible ordinaire ? Car le projet du Code ne disait pas : « Il faut que l'époux ait toujours plus que l'étranger ; » mais, ce qui est bien différent : « Il faut qu'il ait plus que le quart actuellement accordé à l'étranger. »

Du reste, l'intention de fixer invariablement la quotité disponible en faveur du conjoint à un quart en propriété et à un quart en usufruit, ou à la moitié en usufruit seulement, résulte des faits suivants. Nous savons déjà que le Tribunal à qui fut communiqué officieusement le projet de loi, demanda une modification qui, si elle eût été admise, eût été la consécration formelle de la doctrine des adversaires. Le changement de rédaction proposé n'eut pas lieu. Qu'en conclure sinon que les idées du Conseil d'Etat étaient autres que celles du Tribunat, et que ce dernier Corps ne put faire prévaloir les siennes.

On nous dit bien que si le Conseil maintint tel quel l'article du projet, ce n'est pas qu'il ne partageât pas l'opinion émise par le Tribunat, mais uniquement parce qu'il pensa qu'elle était suffisamment exprimée par la rédaction actuelle. Mais c'est là une assertion purement gratuite ; il suffit de lire l'observation que fit à ce sujet le Tribunat pour se convaincre qu'il s'agissait d'une question de fond, et non d'une simple question de forme : « Dans le cas où il y aurait des enfants, » la Section pense qu'il est juste qu'un époux puisse donner » à l'autre tout ce dont il pourrait disposer en propriété, » c'est-à-dire autant qu'il pourrait donner à un étranger, » ou la moitié de ses biens en usufruit. »

Comment peut-on prétendre qu'en rejetant une proposition conçue en termes si nets et si précis, le Conseil d'État n'a pas témoigné énergiquement qu'il n'entendait pas s'y associer ?

Peut-on avoir quelque doute à cet égard quand, après le maintien définitif de l'article 151, on entend M. Jaubert dans sa communication au Tribunat déclarer : «Que s'il reste » des enfants, l'époux survivant ne peut avoir qu'un quart » en propriété, et un autre quart en usufruit, ou la moitié de » tous les biens en usufruit seulement, et que si la disposi- » tion avait excédé ces bornes, elle serait réduite propor- » tionnellement. »

Les paroles de M. Bigot de Preameneu, dans l'exposé des motifs au Corps législatif, ne sont pas moins explicites: « Si » l'époux laisse des enfants, les donations ne pourront com- » prendre que le quart de tous les biens en propriété et » l'autre quart en usufruit ou la moitié en usufruit seule- » ment,......Si l'époux laisse des enfants, son affection se » partage entre eux et son époux; et lors même qu'il se croit

» le plus assuré que l'autre époux survivant fera de la
» totalité de la fortune l'emploi le plus utile aux enfants,
» les devoirs de paternité sont personnels et l'époux dona-
» teur y manquerait s'il les confiait à un autre ; il ne pourra
» donc être autorisé à laisser à l'époux qu'une partie de sa
» fortune, et cette quotité est fixée à un quart de tous les
» biens en propriété, et en un autre quart en usufruit, ou à
» la moitié en usufruit seulement. »

Qu'on ne dise pas que MM. Jaubert et de Preameneu exprimaient une idée purement personnelle. Choisis pour rapporteurs, l'un par la section de législation, l'autre par le Conseil d'Etat, ils ne pouvaient que traduire la pensée de ceux au nom desquels ils parlaient.

5° L'art. 1094 ne porte-t-il pas en lui-même la preuve que le système que nous combattons n'est pas celui de la loi. Le premier paragraphe de cet article déclare que l'époux pourra s'il ne laisse pas d'enfants ni descendants, disposer en faveur de l'autre époux, en propriété « de tout ce dont il pourrait en
» faveur d'un étranger et, en outre, de l'usufruit de la portion
» dont la loi prohibe la disposition au préjudice des héri-
» tiers. » Dans le deuxième paragraphe la rédaction change. Ce que l'on pourra donner au conjoint, ce n'est plus ce qu'on pourrait donner à un étranger, c'est une quotité fixe, un quart en propriété et un quart en usufruit, ou une moitié en usufruit. Cette différence de rédaction entre les deux parties d'un même article n'est-elle pas bien significative? N'indique-t-elle pas chez le législateur la volonté de faire dépendre le chiffre de la quotité disponible, du nombre des réservataires dans le premier paragraphe, et de la laisser invariable dans le deuxième.

6° Quant aux paroles de M. Duveyrier, elles ne sauraient avoir l'autorité de celles si décisives, prononcées par MM. Jaubert et de Préameneu lors de la discussion des articles relatifs à la quotité disponible entre époux. Elles sont loin, du reste, d'être si contraires à notre opinion qu'on le

prétend. Reprenons-les en les expliquant : « La défense faite
» aux époux par les coutumes de s'avantager entre eux
» n'existe plus : un mari peut donner à sa femme comme à
» toute autre personne la quotité disponible de ses biens. »
On a prétendu que cela signifiait qu'il pouvait donner à son
conjoint la quotité disponible ordinaire. Mais la pensée de
M. Duveyrier n'est-elle pas plutôt celle-ci : La prohibition de
se donner pendant le mariage est levée ; on pourra donner à
sa femme de même qu'on peut donner à un étranger, et ce
qu'on pourra lui donner c'est la quotité disponible ; mais
laquelle ? Le jurisconsulte ne le dit pas ; et il est bien naturel
de penser que c'est la quotité spéciale de l'art. 1094 qu'il
avait en vue.

7° Quant à l'objection qui consiste à dire que le législateur
n'a pu, sans manquer de logique, prendre en considération
la qualité du donataire, tantôt pour étendre à son profit la
quotité disponible ordinaire, tantôt pour la restreindre, il
suffit pour l'écarter de bien se pénétrer de l'esprit qui a pré-
sidé à la rédaction de l'art. 1094.

L'intention du législateur a été de concilier les intérêts de
la famille avec ceux du conjoint. Il a voulu qu'on pût assurer
à ce dernier des moyens d'existence, sans cependant que cette
faculté puisse dégénérer en abus. Il a jugé qu'un quart en
propriété et un quart en usufruit, ou la moitié en usufruit,
était nécessaire à l'époux survivant, mais que cela devait lui
suffire.

Dès lors, considérant que ces besoins devaient être les
mêmes, quel que soit le nombre de ses enfants, il a voulu
qu'il pût toujours recevoir la quotité qu'il détermine, sans
pouvoir jamais obtenir davantage. Sans doute, dans certains
cas, il aura plus qu'un étranger, mais c'est une faveur qu'explique et justifie son titre d'époux ; quelquefois il aura moins,
mais il était nécessaire de protéger les parents réservataires
contre les libéralités considérables que les époux sont si
naturellement portés à se faire.

A ceux qui s'étonnent de ce que ce soit précisément quand il y a un grand nombre d'enfants que la quotité disponible entre époux ait été élevée au-dessus de la quotité disponible ordinaire, nous ne répondrons qu'en citant les paroles si judicieuses prononcées à l'audience de la Cour de cassation par M. le conseiller Félix Faure : « Quand les enfants sont » nombreux, leur nombre même suppose un mariage de » quelque durée. Il suppose aussi que l'époux survivant, » mûri par l'âge, absorbé par les soins de famille, sera moins » tenté de courir les chances d'un second mariage. Les » avantages qu'il aura reçus ne seront donc qu'une sorte de » dépôt qui, à son décès, sera transmis à ses enfants, dépôt » aussi qui leur sera utile de son vivant. En effet, plus les » enfants sont nombreux, plus il y a de chances d'inégalités » entre eux. Le chef de la famille, à l'aide des avantages par » lui reçus, pourra aider ceux qui en auront besoin. Son » autorité en sera plus efficace, et plus respectée. Par de » sages dispositions testamentaires, il pourra plus aisément » ainsi réparer entre ses enfants des inégalités produites par » les caprices du sort. Enfin, pourquoi la fécondité plus » grande de l'épouse, les soins plus pénibles, les dépenses » plus fortes qu'entraîne pour l'époux une famille plus nom- » breuse, ne seraient-ils pas récompensés. Il est donc naturel » que, dans ce cas, l'époux soit plus favorisé que l'étranger. » Et remarquez que toutes ces considérations disparaissent » quand il n'y a qu'un seul enfant. Le plus souvent alors le » mariage a été de courte durée. L'époux survivant, plus » jeune et plus isolé, peut se laisser entraîner à un » deuxième mariage. Les biens à lui laissés surtout en pro- » priété peuvent même faciliter un second mariage, et alors » n'est-il pas à craindre que les biens laissés par le premier » époux ne passent aux enfants du second lit, en partie du » moins. »

8° Quant à l'objection qui consiste à dire qu'il est singulier que celui qui peut disposer par contrat de mariage en faveur de son conjoint plus facilement (1087), plutôt (1095), et plus librement (1093) qu'en faveur d'un étranger, ne puisse lui donner autant qu'à ce dernier, nous pensons qu'il suffit pour la réfuter de faire observer que la dispense d'acceptation expresse, le droit de faire porter la libéralité sur des biens à venir, et l'autorisation accordée au mineur de disposer par contrat de mariage au profit de son futur conjoint, ne rendant pas la donation plus onéreuse pour les héritiers, le législateur pouvait sans inconvénient accorder de telles faveurs à des libéralités qui sont souvent la condition *sine qua non* de l'union projetée, tandis qu'il eût commis une grande imprudence en permettant de donner toujours au conjoint une quotité égale ou supérieure au disponible ordinaire ; car, nous l'avons déjà dit, c'eût été par trop sacrifier les intérêts de la famille légitime.

On conçoit donc que le législateur ait consenti à ce qu'un époux puisse donner à l'autre plus facilement, plutôt et plus librement qu'à un étranger, sans vouloir qu'il pût lui donner toujours autant. Le paragraphe 2 de l'art. 1094 semble contenir une alternative assez ridicule. Il y est dit qu'un époux peut donner à l'autre soit un quart en propriété et un quart en usufruit, soit une moitié en usufruit. Qu'était-il besoin de lui permettre expressément de disposer de la moitié en usufruit ? Un tel droit n'était-il pas une conséquence forcée du principe *qui peut le plus, peut le moins ?* Certains auteurs en ont conclu que, par ces mots : *le quart en propriété,* le législateur avait voulu dire le quart en *nue-propriété.* Cela nous semble inadmissible. En effet : 1° dans le paragraphe 1er de l'art. 1094, le mot *propriété* signifie *pleine propriété ;* comment supposer qu'il n'a pas le même sens dans le deuxième paragraphe ? 2° Si le mot propriété, opposé au mot usufruit, s'entend de la nue-propriété, c'est lorsque les deux termes portent à la fois sur les mêmes biens. Or, cela n'a point lieu dans l'espèce, puisque la propriété porte sur un quart et l'usufruit sur un *autre* quart ; 3° si le législateur eût voulu permettre à l'époux de disposer d'un quart en nue-propriété et d'un quart en usufruit, il aurait dit plus simplement : « L'époux pourra disposer d'un quart en pleine propriété. » La pensée qu'il a voulu exprimer est celle-ci : La quotité disponible sera la même, soit qu'on veuille disposer en perpétuel, soit qu'on veuille disposer en viager.

Demandons-nous maintenant si l'article 917 est ici applicable ; si, par conséquent, lorsqu'un époux a disposé de plus de moitié en usufruit, les héritiers peuvent être contraints, s'ils n'exécutent pleinement la libéralité, de faire l'abandon du plus fort disponible ; c'est-à-dire d'un quart en propriété et d'un quart en usufruit ? Nous ne le pensons pas et nous fondons notre opinion sur les motifs suivants :

1° L'article 151 du projet de l'an viii (que l'art. 1094 reproduit textuellement), faisait à la quotité disponible entr'époux l'application de la double règle qui avait été consacrée pour la quotité disponible ordinaire, dans les articles 16 et 17 : invariabilité de la quotité disponible, quel que soit le nombre des réservataires, et égalité du disponible en propriété et du disponible en usufruit. Aucune disposition analogue à celle de l'article 917 n'existait alors ; elle eût été bien inutile, puisque le chiffre de la quotité disponible en usufruit étant déterminée, il n'y avait qu'à ramener à sa limite la disposition excessive d'usufruit.

L'article 16 a été modifié et la quotité disponible a été graduée d'après le nombre des réservataires ; l'article 17 a été supprimé et la quotité disponible en usufruit a cessé d'être déterminée. C'est alors qu'on a introduit l'article 917, qui a l'avantage d'éviter des évaluations difficiles et toujours incertaines ; mais l'article 151 n'a pas changé en devenant l'article 1094 ; il est resté tel qu'il était primitivement. La quotité disponible en usufruit y est déterminée, comme elle l'était dans le projet primitif. L'article 917, conséquence d'une modification qu'il n'a point subie, ne lui est donc point applicable.

2° Il est vrai qu'on peut objecter que l'époux devant être, par suite de son titre même, au moins aussi bien traité qu'un étranger, doit avoir le droit qu'a celui-ci d'exiger que les héritiers qui refusent d'exécuter pleinement la libéralité, fassent l'abandon du plus fort disponible. Mais, outre que la question que nous avons résolue précédemment, nous a appris qu'au point de vue de l'émolument qu'il pouvait recevoir, l'époux était dans certains cas moins favorisé qu'un étranger, nous pouvons ajouter que la transformation d'un droit viager en un droit perpétuel serait si contraire à la volonté du disposant, qu'on peut affirmer que très-probablement il n'eût rien donné s'il eût pu prévoir une telle conversion. Car une donation en viager, si considérable qu'elle soit, sauvegarde les intérêts des enfants du disposant, puisqu'ils conservent la nue-propriété à laquelle viendra se joindre l'usufruit, à la mort du conjoint qui en a été gratifié. Le second mariage de la mère ne pourrait pas les dépouiller. Tout autre serait l'effet d'un don de la pleine propriété ; le donataire pourrait se remarier et faire profiter des biens qu'il aurait ainsi reçus, soit son second époux, soit les enfants du second lit, au détriment de ceux issus de la première union.

3° Lorsque le donataire est toute autre personne que le conjoint du disposant, le disponible dont les héritiers qui veulent user de la faculté que leur accorde l'article 917 doivent faire l'abandon, c'est le disponible en propriété. C'est ce qui résulte des termes mêmes de l'article 917 : « Si la » disposition, par acte entre vifs ou par testament, d'un » usufruit ou d'une rente viagère, dont la valeur excède la » quotité disponible, les héritiers au profit desquels la loi » fait une réserve auront l'option ou d'exécuter cette dispo- » sition, ou de faire l'abandon de la PROPRIÉTÉ DE LA QUOTITÉ » DISPONIBLE. » Il n'y a pas de difficulté si la donation s'adresse à une personne à l'égard de laquelle la quotité disponible consiste uniquement en propriété, c'est-à-dire à un étranger. L'abandon de cette quotité ne blesse personne ; ni les héritiers, puisque leur réserve est intacte, ni le donataire, puisqu'il reçoit le maximum du disponible ; mais supposons que la libéralité soit faite à l'époux, à l'égard duquel la quotité disponible a été composée partie en propriété, partie en usufruit. Que devraient abandonner au conjoint les héritiers ? Le quart disponible en propriété et le quart disponible en usufruit ? Non, car ce serait violer l'article 917 qui ne prescrit que l'abandon de la *propriété du disponible*, c'est-à-dire *de la partie du disponible qui consiste en propriété*. Le conjoint sera-t-il obligé de se contenter du quart disponible en propriété ? Ce ne serait point juste puisqu'alors il ne recevrait pas le maximum de la quotité disponible. Enfin prétendra-t-il que ces mots de l'art. 917 : *La propriété du disponible*, signifient que les héritiers du donateur qui ne veulent pas exécuter la libéralité telle qu'elle a été faite, doivent lui abandonner les deux quarts en propriété ? Une telle prétention ne saurait être écoutée, car la réserve serait alors entamée. Ces mots : *La propriété du disponible*, nous prouvent que le législateur n'a prévu, dans l'art. 917, que le cas où tout le disponible consiste en propriété, c'est-à-dire celui où la donation est consentie au profit d'une personne autre que le conjoint. Appliqué à l'art. 1094, l'art. 917 serait nécessairement violé dans son texte ou dans son esprit.

Les raisons que nous venons de donner nous amènent à décider que le don ou le legs d'une rente viagère excédant la moitié des revenus doit être ramené à cette limite. Sans doute l'article 1094 ne fixe la quotité disponible que pour les dispositions en usufruit. Mais nous croyons que cette expression doit être généralisée et doit s'entendre de toute libéralité en viager.

Notre opinion s'appuie sur l'historique et les travaux préparatoires du Code. La loi du 17 nivose an II , qui limitait à l'usufruit de moitié la quotité disponible entre époux, dans le cas où il y avait des enfants, portait aussi que les avantages entre époux, au cas qu'ils consistaient en simple jouissance, ne pouvaient s'élever au-delà de la moitié des revenus des biens laissés par l'époux décédé (13 et 14.)

L'article 17 du projet primitif s'appliquait au don de l'usufruit ou d'une pension, c'est-à-dire à tout don viager. L'article 151 ne faisait qu'appliquer entre époux la règle que l'article 17 consacrait entre étrangers. Dans l'article 151 le mot *usufruit* devait donc s'entendre de tout droit viager. Or l'article 1094 est la reproduction littérale de cet article ; par conséquent, il doit être interprété de la même manière.

La Cour de Rouen a jugé que l'on doit réduire la libéralité dans les limites du disponible le plus élevé, c'est-à-dire à un quart en propriété et un quart en revenus, mais l'exécuter en viager pour respecter la volonté du défunt.

Nous ne partageons pas cette opinion. Le législateur a permis de disposer soit en perpétuel soit en viager. L'époux a le choix de donner l'un ou l'autre disponible. En donnant une pension viagère il a opté pour le second. Dès lors il nous paraît contradictoire de calculer le montant de la libéralité sur le disponible en perpétuel.

Lorsque le disposant a dit qu'il léguait toute sa quotité disponible, ou tout ce dont il pouvait disposer, il est évident qu'il a entendu laisser à son conjoint le plus fort disponible, c'est-à-dire un quart en propriété et un quart en usufruit.

S'il a disposé sous une alternative d'un quart en propriété et d'un quart en usufruit, ou d'une moitié en usufruit, le choix appartiendra au débiteur en vertu de l'article 1190, c'est-à-dire aux héritiers du conjoint prédécédé, à moins que les circonstances n'indiquent que l'intention du disposant était de donner le choix au survivant.

L'époux qui a disposé au profit de son conjoint de l'usufruit d'une portion de la réserve, peut-il le dispenser de donner caution? Nous ne le pensons pas. Il est vrai que l'article 601 dit que l'usufruitier doit donner caution, *s'il n'en est dispensé par l'acte constitutif de l'usufruit* ; mais c'est précisément cette clause dont nous n'admettons pas la validité. En effet, le législateur, en fixant la réserve, a entendu qu'elle parvînt intacte aux réservataires; il a pensé qu'elle leur était nécessaire et qu'une somme inférieure leur serait insuffisante. Il a donc dû vouloir prohiber toute convention qui la mettrait en péril. Or, permettre d'affranchir l'usufruitier de donner caution, c'eût été exposer la part de réserve grevée d'usufruit à des chances de dépréciation ou de perte. Si, par exemple, l'époux venait à dissiper les sommes dont son conjoint lui a donné la jouissance et devenait insolvable, quel recours accorderait-on aux réservataires?

Il est vrai que l'article 618 permet de faire prononcer l'extinction de l'usufruit pour cause d'abus de jouissance, mais très-souvent l'abus ne s'aperçoit qu'après que le mal est fait et lorsqu'il n'est plus temps de le réparer. L'article 618 ne prévient donc pas toujours le danger.

On a prétendu, enfin, que les enfants trouveraient une garantie suffisante dans la qualité même du donataire.

Nous répondons que la caution est une sûreté prise non-seulement contre la mauvaise foi, mais encore contre l'incapacité et l'imprudence dont font quelquefois preuve les parents, même les mieux intentionnés. Ajoutons que lorsque les réservataires sont des ascendants, il n'existe aucun lien de parenté ou d'alliance entre eux et le conjoint gratifié; on comprend combien serait alors dangereuse la clause qui dispenserait ce dernier de l'obligation de donner caution.

Du reste, ce n'est que relativement à l'usufruit de la portion réservée que nous considérons comme nulle la clause de dispense. Nous la tenons, au contraire, pour valable, quand elle concerne l'usufruit des biens non réservés; car celui qui aurait pu donner la pleine propriété peut, *a fortiori*, donner l'usufruit en dispensant le donataire de donner caution.

Enfin, remarquons que le conjoint est de plein droit affranchi de cette obligation, même pour l'usufruit qui porte sur la portion réservée, si les réservataires sont ses enfants mineurs de dix-huit ans ; mais cette faveur cesse dès que l'usufruit légal s'éteint pour une cause quelconque, notamment par l'arrivée de l'enfant à sa dix-huitième année.

Il est admis par tous les auteurs que le conjoint qui a reçu la jouissance d'une portion de la réserve ne peut être dispensé de faire inventaire ; mais bien entendu le disposant pourrait mettre les frais d'inventaire à la charge des héritiers ; ceux-ci ne pourraient se plaindre qu'autant que cette clause aurait pour effet d'entamer leur réserve.

VIe Hypothèse : *Il y a des enfants d'un premier lit.* — Nous avons vu que de tout temps les législateurs avaient cherché à protéger les enfants d'un premier lit contre les dangers auxquels pourrait les exposer le second mariage de leur père ou de leur mère. Tel fut le but que se proposèrent les constitutions romaines *Hac Edictali et Fæminæ quæ*, et l'Edit des secondes noces. L'article 176 du projet du Code, conformément à ces précédents, était ainsi conçu : « L'homme ou la » femme qui, ayant des enfants d'un autre lit, contractera » un second ou subséquent mariage, ne pourra donner à son » nouvel époux qu'une part d'enfant légitime le moins prenant, et en usufruit seulement ; il ne pourra disposer à » titre gratuit ou onéreux des immeubles qu'il a recueillis » de son époux ou de ses époux précédents, tant que les » enfants issus de mariage desquels sont provenus ces droits, » existent. » La seconde partie a été supprimée dans la rédaction définitive, comme renfermant une substitution au profit des enfants issus du premier mariage, comme recherchant l'origine des biens, enfin, comme détruisant l'égalité entre les enfants des différents lits, toutes choses contraires aux principes de notre droit moderne. La première partie a été modifiée : La part d'enfant peut aujourd'hui être donnée au second conjoint en pleine propriété ; mais elle ne doit jamais excéder le quart des biens.

L'art. 1098 ne reçoit son application qu'autant qu'il existe des enfants ou descendants légitimes du premier mariage.

Nous examinerons bientôt si la présence d'un enfant adoptif produit un effet semblable.

Il nous faut voir maintenant comment se calcule la part d'enfant le moins prenant dont on peut disposer au profit du second époux. Trois situations peuvent se présenter.

Première Situation. — *Le conjoint a donné une part d'enfant à son époux, sans faire d'autre libéralité.* — Il suffira pour la calculer de former une fraction ayant pour numérateur la somme des biens héréditaires, et pour dénominateur le nombre d'enfants plus un. Ainsi s'il y a 100,000 francs et quatre enfants, le conjoint pourra recevoir 20,000 francs.

Lorsque la donation faite au second époux comprend une part d'enfant, le donataire peut-il réclamer la totalité des biens, quand il n'existe au décès du donateur ni enfants du premier lit, ni héritiers réservataires quelconques.

M. Vazeille répond affirmativement; parce que, dit-il, c'est son disponible ordinaire qui, dans l'espèce, se compose de tout son patrimoine, que le convolant doit être présumé avoir voulu donner. Mais cela nous paraît inexact; celui qui n'a donné qu'une part n'a certainement pas entendu donner le tout.

D'autres ont voulu qu'il ait la moitié, en se fondant sur ce texte d'Ulpien : *Partis appellatio, non adjecta quota, dimidia intelligitur.*

Notre opinion est que le second époux ne peut jamais recevoir au-delà du quart des biens, par la raison que le disposant est censé n'avoir voulu lui donner que le maximum de la quotité disponible qu'il eût pu recevoir au cas de survie des enfants du premier lit. Mais il en serait autrement si, dans l'acte constitutif de la libéralité, il avait formellement dit que la part d'enfant comprendrait l'universalité de l'hérédité en cas de prédécès des enfants.

Maintenant on peut se demander quels descendants doivent faire nombre pour le calcul de la part d'enfant.

Les descendants légitimes et légitimés comptent évidemment, mais les petits enfants ne comptent que pour l'enfant dont ils tiennent la place.

L'enfant adoptif doit-il être pris en considération ? Nous admettons l'affirmative. Car si on ne fait pas profiter l'adopté du bénéfice introduit par l'article 1098, comment pourra-t-on dire, avec l'article 350, qu'il a sur la succession de l'adoptant les mêmes droits qu'y aurait l'enfant né en mariage ? Supposez que le disposant ait en même temps un enfant adoptif et un enfant légitime issu d'une première union, ce dernier pourrait incontestablement se prévaloir de l'article 1098, et si l'enfant adoptif ne le pouvait pas, comment soutenir qu'il n'y a pas violation de la loi qui assimile l'adopté à l'enfant légitime, même dans le cas où il y a d'autres enfants de cette qualité nés depuis l'adoption.

Sans doute, l'art. 1094 ne parle que des enfants d'un premier lit, mais ces expressions nous paraissent devoir être généralisées et s'entendre de tous les enfants entrés dans la famille du disposant avant le second mariage.

On doit compter les enfants du premier lit et ceux du second ; car, étant enfants du même père ou de la même mère, ils ont relativement à la succession de leur auteur commun des droits égaux.

Les enfants renonçants ou indignes ne doivent pas être comptés, car ceux-là seuls doivent être pris en considération pour le calcul de la réserve qui sont appelés à en recueillir une partie. Or, la réserve étant une portion de la succession *ab intestat*, nul ne peut y prendre part, s'il n'est héritier, et on sait que l'héritier qui renonce ou est écarté comme indigne est réputé n'avoir jamais eu cette qualité.

Il est bien entendu que si le mode de calcul que nous venons d'indiquer attribuait au conjoint une quotité supérieure au quart, il faudrait la ramener à cette limite.

Deuxième situation. — *La donation consiste non en une part d'enfant, mais en valeurs déterminées.* — Soit un legs de 20,000 fr. fait au conjoint par une personne qui laisse à son décès quatre enfants et 80,000 fr. de biens.

Pour savoir ce qui revient à l'époux gratifié, il faut calculer la part d'enfant sur la masse héréditaire, déduction faite du montant de la libéralité. Si celle-ci excède le résultat ainsi obtenu, il y aura lieu de la réduire. Appliqué à l'exemple que nous avons choisi, ce procédé donne pour la part d'enfant 15,000 fr. ; l'époux à qui il a été donné 20,000 fr. a donc reçu 5,000 fr. de trop.

Mais que ferons-nous de cet excédant ? Ne le répartirons-nous qu'entre les enfants, ou faudra-t-il admettre la femme au partage ? Ce dernier parti nous semble préférable. En effet, aux termes de l'art. 922, c'est sur tous les biens, c'est-à-dire sur la somme des biens existant dans la succession et des biens donnés, que se calcule, eu égard à la qualité des héritiers que laisse le donateur, la quotité dont il a pu disposer. Or, dans le système contraire à celui que nous adoptons, c'est sur une portion des biens seulement que se fait le calcul. Ainsi on arrive à ne donner à l'époux donataire qu'un cinquième de 75,000 fr.

On objecte que permettre au conjoint de recueillir une part dans les 5,000 fr. retranchés, c'est le faire profiter de la réduction, ce que défend l'art. 921. Mais c'est une erreur ; il ne veut pas profiter de la réduction ; il prétend seulement qu'il ne doit pas être réduit au-dessous de la part d'enfant calculée conformément à l'art. 922.

Du reste, le système que nous combattons viole l'art. 1098. En effet, cet article signifie évidemment que l'époux gratifié doit avoir une part égale à celle de chacun des enfants non avantagés, pourvu qu'elle n'excède pas le quart des biens. Or, dans l'espèce, il ne recevrait que 15,000 fr., alors que les enfants recevraient chacun 16,250 fr. Et cependant rien ne s'opposait à ce qu'il pût recueillir une part égale à la leur, puisque cette part, 16,000 fr., n'excéderait pas le quart des biens qui est de 20,000 fr.

Troisième situation. — *Le conjoint a disposé à la fois en faveur de son conjoint et d'un tiers.* — Cette hypothèse ne pourra être bien comprise qu'après que nous aurons étudié la théorie du cumul. Bornons-nous à dire que si le tiers gratifié est un des enfants du disposant, il faudra avant de calculer la part d'enfant déduire le montant de cette libéralité, si elle a été faite avec clause de préciput, et que, si elle n'a pas été accompagnée de cette clause, l'époux donataire ou légataire pourra, afin de déterminer la portion à laquelle il a droit, comprendre dans la masse sur laquelle elle doit se calculer les biens rapportables donnés à l'enfant.

Il est vrai que, d'après l'art. 857, l'héritier seul peut demander le rapport et en profiter quand il a été effectué. Mais ici le donataire n'exige pas le rapport réel ; il ne demande que l'imputation par les enfants sur leur part héréditaire de la somme donnée en avancement d'hoirie à l'un d'eux.

Il est du reste certain que s'il résultait des termes de la libéralité faite à l'époux que le disposant a voulu qu'elle ne fût exécutée que sur les biens libres dans la succession au jour de son décès, cette volonté devrait être respectée.

Celui qui contracte successivement plusieurs mariages peut-il donner une part d'enfant le moins prenant à chacun de ses nouveaux conjoints ?

Pothier soutenait la négative et décidait que tous les époux ensemble ne pouvaient recevoir qu'une seule part d'enfant. Il se fondait sur ce que l'Edit, au lieu de dire : « ne peuvent » donner à chacun de leurs nouveaux maris, » disait : « ne » peuvent donner à leurs nouveaux maris plus qu'à un de » leurs enfants. »

M. Duranton, observant que l'art. 1098, contrairement aux termes de l'Edit, s'exprime au singulier, « pourra donner à son nouvel époux, » pense qu'on peut donner à chaque conjoint une part d'enfant jusqu'à concurrence de la quotité disponible ordinaire.

D'après Colmet de Santerre, on pourrait donner à chacun d'eux une part d'enfant, pourvu que, réunies, ces dispositions n'excèdent pas le quart des biens. Cela lui paraît résulter de ces mots de l'art. 1098 : « Sans que, dans aucun cas, ces do- » nations puissent excéder le quart des biens. »

Nous préférons décider, avec Pothier et Ricard, que l'époux ne pourra donner à ses conjoints subséquents qu'une seule part d'enfant ne pouvant jamais dépasser le quart des biens. Les termes de l'art. 1098 ne sont pas assez précis pour qu'on puisse en conclure que la loi a entendu s'écarter des anciens principes. Notre système est confirmé par ces paroles prononcées par M. Bigot de Préameneu, lors de l'exposé des motifs : « On a maintenu cette sage disposition. »

L'art. 917 est-il applicable au cas où le second époux a été gratifié d'un don d'usufruit jugé excessif par les héritiers ? Ici nous adopterons l'affirmative ; car :

1° L'art. 1098 ne déterminant pas la quotité disponible en usufruit, le motif qui a fait introduire l'art. 917, dans le cas où c'est un étranger qui est donataire, milite également pour le rendre applicable au cas où c'est le second époux qui a reçu la libéralité ;

2° Le disponible dans le cas prévu par l'art. 1098 ne comprenant que de la pleine propriété, l'art. 917 s'y applique sans difficulté.

VIIᵉ Hypothèse : *L'époux disposant à un enfant naturel.* — Qu'il ait droit à une réserve, c'est ce qui nous paraît incontestable en présence des articles 757 et 761. Cette réserve doit être d'un tiers, de la moitié, des trois quarts, de ce qu'elle aurait été s'il eût été légitime, suivant que le *de cujus* laisse des descendants ou des ascendants, des frères et sœurs et des descendants d'eux, ou des collatéraux ordinaires.

Pour déterminer quelle peut-être l'influence de la présence d'un enfant naturel sur la quotité disponible entre époux, nous distinguerons deux cas :

1° L'enfant a été reconnu par les deux époux pendant le mariage.

2° Il n'a été reconnu que par l'un d'eux.

Premier cas. — Nous allons reprendre successivement les hypothèses que nous avons étudiées, en admettant la présence d'un enfant naturel. Nous supposerons que le conjoint a été institué légataire universel.

Iᵣₑ Hypothèse : *L'époux n'a ni ascendants, ni descendants.* — Dans ce cas nous pensons que le don fait au conjoint ne sera réduit que de moitié, car la limitation du disponible à un quart en propriété et un quart en usufruit nous paraît n'avoir été introduite que dans l'intérêt des enfants légitimes.

IIᵉ Hypothèse : *L'époux n'a que des ascendants.* — Le principe sur lequel nous nous appuierons est celui-ci : la réserve de l'enfant naturel doit nuire, dans la mesure réduite de sa quotité, à ceux auxquels elle aurait nui dans une plus forte proportion, s'il eût été légitime.

S'il n'y avait pas eu d'enfant naturel, la réserve des ascendants eût été dans l'hypothèse où il y en a dans les deux lignes, d'une moitié en nue-propriété ; la quotité disponible en faveur du conjoint aurait été d'une moitié en propriété et d'une moitié en usufruit. La présence d'un enfant légitime aurait enlevé à l'ascendant sa moitié en nue-propriété et au conjoint un quart en propriété et un quart en usufruit. La présence d'un enfant naturel doit opérer une réduction moitié moindre et n'enlever, par conséquent, à l'ascendant qu'un quart en nue-propriété, et au conjoint un huitième en propriété et un huitième en usufruit ; en définitive, nous aurons :

1º Pour l'ascendant, un quart en nue-propriété ;

2º Pour le conjoint, trois huitièmes en propriété, plus trois huitièmes en usufruit.

3º La réserve de l'enfant naturel comprendra le quart en nue-propriété, enlevé à l'ascendant, avec le huitième en propriété et le huitième en usufruit enlevés au conjoint ; il aura ainsi un quart en propriété et un huitième en nue-propriété, ce qui constitue précisément une réserve égale à la moitié de celle à laquelle aurait droit un enfant légitime.

S'il n'y a d'ascendants que dans une seule ligne, le même procédé nous conduit au résultat suivant :

Ascendant : un huitième en nue-propriété.

Conjoint : quatre huitièmes en propriété, plus deux huitièmes en usufruit.

Enfant naturel : deux huitièmes en propriété, plus un huitième en nue-propriété.

III° Hypothèse : *Le disposant laisse des ascendants autres que père et mère et des frères et sœurs.* — D'après ce que nous avons dit, si les frères et sœurs acceptent, les ascendants ne sont point héritiers, et les frères et sœurs se trouvant exclus par la présence du légataire universel, nous retombons dans la première hypothèse.

Si les frères et sœurs renoncent, le conjoint se trouve en concours avec l'enfant naturel et les ascendants, ce qui constitue la seconde hypothèse.

IV° Hypothèse : *Le disposant laisse des enfants communs.* — La quotité disponible ne serait pas diminuée par la présence d'un nouvel enfant légitime, à plus forte raison la survenance d'un enfant naturel doit-elle la laisser intacte. Par conséquent, c'est uniquement sur la réserve des descendants légitimes que doit se prélever la part de l'enfant naturel.

Soit trois enfants légitimes et un enfant naturel. Représentons la succession par 72/72. La quotité disponible sera de 18/72 en propriété, plus 18/72 en usufruit. Les enfants légitimes, s'ils étaient seuls, auraient chacun 12/72 en propriété, et 6/72 (12/144) en nue-propriété. Mais l'enfant naturel a droit à une réserve qui est ici du tiers de ce qu'elle serait s'il était légitime, c'est-à-dire de 3/72 en propriété plus 3/144 en nue-propriété, ce qui donne en définitive :

Au conjoint 18/72 en propriété, plus 36/144 en usufruit.

A l'enfant naturel 3/72 en propriété, plus 3/144 en nue-propriété.

A chaque enfant légitime 11/72 en propriété, plus 11/144 en nue-propriété.

Vme **Hypothèse** : *Le disposant laisse des enfants d'un précédent mariage.* — La loi voulant que le second époux ait une part égale à celle d'un enfant légitime non avantagé, il faut commencer par distraire de la masse la portion de biens à laquelle a droit l'enfant naturel, de manière à ce qu'elle soit supportée proportionnellement par le nouvel époux et les descendants légitimes.

Deuxième cas. — L'enfant naturel a été reconnu par l'un des époux seulement. Il faut sous-distinguer :

Si la reconnaissance est antérieure au mariage de son père ou de sa mère, elle produira les effets que nous connaissons ;

Si elle lui est postérieure, il y aura lieu d'appliquer l'article 347 ainsi conçu : « La reconnaissance faite pendant le » mariage par l'un des époux au profit d'un enfant naturel » qu'il aurait eu avant son mariage d'un autre que son » époux, ne pourra nuire ni à celui-ci ni aux enfants nés de » de ce mariage. Néanmoins elle produira son effet après la » dissolution de ce mariage, s'il n'en reste pas d'enfants. » Ainsi, l'enfant naturel n'aurait dans ce cas aucun droit héréditaire s'il se trouvait en présence d'enfants légitimes.

Si le père ou la mère ne laissait d'autres successibles que l'enfant naturel et le conjoint, celui-ci prendrait toute la succession. A défaut d'enfant légitime, si le défunt laissait des ascendants ou des collatéraux, l'enfant naturel aurait droit à une réserve, mais il ne pourrait s'en prévaloir pour faire réduire les libéralités faites au conjoint.

SECTION III.

DÉTERMINATION DE LA QUOTITÉ DISPONIBLE, QUAND L'ÉPOUX A FAIT DES LIBÉRALITÉS A SON CONJOINT ET A DES ÉTRANGERS.

Que les deux quotités disponibles, celle des articles 1094, 1098, et celle des art. 913, 915, ne puissent être données cumulativement, c'est ce qui nous semble hors de doute.

Il suffit pour s'en convaincre de considérer les conséquences qu'entraînerait un tel cumul. Supposez, en effet, que celui qui, ayant un enfant, dispose d'abord de la moitié de ses biens en faveur d'un étranger, et donne ensuite à sa femme un quart en propriété et un quart en usufruit, il ne restera à l'enfant qu'un quart en nue-propriété, c'est-à-dire une réserve presque insignifiante.

Si l'on veut mieux encore se convaincre des résultats absurdes auxquels mènerait le cumul, on n'a qu'à supposer que le disposant, ne laissant d'autre héritier réservataire que son père, donne toute la quotité disponible de l'art. 1094, c'est-à-dire trois quarts en propriété et un quart en usufruit à son conjoint, et la quotité disponible ordinaire, trois quarts en propriété, à un étranger; on arrive ainsi à diviser un entier en sept quarts !

La quotité disponible ordinaire est un des éléments de la quotité disponible entre époux; en d'autres termes, le disponible en propriété qu'on peut donner à un étranger, et celui qu'on peut attribuer au conjoint se confondent jusqu'à concurrence du plus faible. C'est ce que prouve le paragraphe 1er de l'article 1094 quand il nous apprend que ce dont l'époux peut disposer en faveur de l'autre époux, *c'est tout ce dont il pourrait disposer en faveur d'un étranger*. Or, si les deux disponibles n'en font qu'un, comment pourrait-on le donner en totalité à deux personnes différentes.

L'opinion que nous avons adoptée est suivie par les auteurs et par la jurisprudence. Deux arrêts seulement lui sont contraires. Peut-être se sont-ils trop laissé influencer par le souvenir de la Législation Intermédiaire qui permettait le cumul ; la loi du 17 nivôse an II autorisait en effet les époux à se donner, quand ils avaient des enfants, la moitié de leurs biens en usufruit, tandis qu'elle ne permettait de donner à un étranger qu'un dixième en propriété. La loi du 28 pluviôse an V décida que la dernière quotité ne devait pas s'imputer sur la première. Mais on comprend qu'avec un disponible aussi restreint, le système du cumul ne présentait pas les inconvénients qu'il aurait aujourd'hui.

Si les deux quotités ne peuvent pas être cumulées, on est d'accord pour reconnaître qu'elles peuvent être combinées. Mais on est bien loin de s'entendre sur la manière dont peut s'opérer cette combinaison.

Posons d'abord trois règles qui nous serviront à fonder les opinions que nous émettrons sur les différentes questions que nous aurons à résoudre.

Première règle. — Le montant cumulé des différentes dispositions ne doit pas excéder la limite du plus fort disponible ; c'est ce qu'on ne pourrait nier sans admettre le cumul dont nous avons démontré l'impossibilité.

Deuxième règle. — Aucun des gratifiés ne peut recevoir au-delà du disponible qui lui est propre. On ne pourrait, en effet, sans enfreindre les articles 1094, 1098, donner à l'époux plus que ne permettent ces articles ; et l'attribution à l'étranger d'une quotité supérieure à celle du droit commun serait la violation des articles 913 et 915.

Troisième règle. — Il faut que la fraction d'usufruit qui, dans certains cas, constitue l'excès du disponible spécial à l'époux sur le disponible ordinaire, ne soit attribuée qu'au conjoint, puisque c'est uniquement dans son intérêt qu'elle a été ajoutée à la quotité dont il est permis de disposer en faveur d'un étranger.

Deux cas peuvent se présenter : La quotité disponible ordinaire est tantôt supérieure, tantôt inférieure à celle fixée par l'art. 1094.

Premier cas. — Le disponible ordinaire est plus élevé que le disponible entre époux, ce qui a lieu par exemple quand un père ne laisse qu'un enfant. Pourvu qu'il ne donne pas à la femme plus d'un quart en propriété, et un quart en usufruit, et que l'ensemble des libéralités qu'il a consenties ne dépasse pas la moitié de son patrimoine, il peut répartir la quotité disponible la plus forte comme il le jugera à propos.

Ainsi, il peut donner un quart en propriété plus un quart en nue-propriéte à l'étranger, et un quart en usufruit à son conjoint ; ou un quart en propriété plus un quart en usufruit au conjoint, et un quart en nue-propriété à l'étranger ; ou une moitié en usufruit au conjoint, et une moitié en nue-propriété à l'étranger.....

Mais celui qui n'ayant pas d'enfant a donné à son conjoint la propriété de la moitié de ses biens, pourra-t-il, s'il lui en survient un, réduire mentalement la donation et léguer à son enfant un quart en nue-propriété ? Nous pensons que rien ne s'y oppose, et que s'il y a des biens existants dans la succession, l'enfant renonçant pourra réclamer l'exécution de son legs.

Vainement les héritiers prétendraient-ils que les biens qu'ils ont en leur possession sont tout juste suffisants pour former leur réserve ; il les renverrait à demander la réduction de la libéralité excessive qu'a reçue le conjoint, ce qu'il pourrait faire sans violer l'article 921, puisque ce qu'il prétend, ce n'est pas qu'il doive profiter de la réduction, mais seulement que l'action en réduction ne doit pas être d'abord dirigée contre lui.

Nous n'irions pas cependant jusqu'à lui donner une action directe contre la femme, à l'effet d'obtenir d'elle la nue-propriété d'un des quarts dont elle a été gratifiée ; car ce serait lui permettre de demander la réduction, droit que la loi n'accorde qu'aux héritiers réservataires et à leurs ayant-cause.

Deuxième Cas.—Le disponible entre époux est supérieur au disponible ordinaire. Trois hypothèses peuvent se présenter : 1° La donation faite à l'étranger est antérieure à celle consentie au profit du conjoint ; 2° elle lui est concomitante ; 3° Elle lui est postérieure.

Ire Hypothèse : *La donation faite à l'étranger précède celle faite au conjoint.* — Supposons qu'un père laisse trois enfants. La quotité disponible ordinaire est d'un quart en propriété. Celle spéciale à l'époux est d'un quart en propriété, plus un quart en usufruit. Rien ne s'oppose à ce qu'il donne la propriété d'un quart à l'étranger et l'usufruit d'un autre quart à la femme, ou inversement un quart en usufruit à l'étranger et un quart en propriété à la femme. Car, d'une part, le disponible le plus élevé n'est point dépassé, d'autre part aucun des gratifiés ne reçoit au-delà du disponible qui lui est propre, et, enfin, la première libéralité ayant été faite à l'étranger a dû nécessairement s'imputer sur le disponible ordinaire, ce qui a laissé libre la partie du disponible établie spécialement en faveur du conjoint.

IIe Hypothèse : *Les deux libéralités sont simultanées, elles sont contenues par exemple dans le même testament.* — Les diverses combinaisons qui peuvent se présenter sont les suivantes :

1° Au conjoint, un quart en usufruit ; à l'étranger, un quart en propriété ;

2° Au conjoint, un quart en propriété ; à l'étranger, un quart en usufruit ;

3° Au conjoint, une moitié en usufruit ; à l'étranger, un quart en nue-propriété ;

4° Au conjoint, un quart en nue-propriété ; à l'étranger, une moitié en usufruit.

La dernière de ces combinaisons nous semble seule excessive ; elle aurait pour effet d'attribuer à l'étranger le quart en usufruit supplémentaire que le conjoint seul peut recevoir.

Quant aux trois premières, elles nous paraissent irréprochables ; car les trois règles que nous avons posées y sont respectées. Cependant on les a critiquées.

Contre la première on a dit : Le législateur a pensé que la quotité disponible ordinaire pourrait être insuffisante quand on voudrait disposer en faveur du conjoint ; aussi a-t-il jugé à propos d'y ajouter dans ce cas un quart en usufruit ; mais, dans sa pensée, ce quart ne pouvait être isolé du disponible en propriété ; il l'a considéré comme un accessoire qui ne pourrait être donné qu'avec le principal. Cela résulte du texte et de l'esprit de la loi ; de son texte, car le mot *en outre*, qui se trouve dans l'article 1094, démontre que l'intention du législateur a été de rendre inséparables les deux parties du disponible ; de son esprit ; car, qu'était-il besoin d'accorder un supplément de disponible à celui qui, eu égard à la minimité de la libéralité qu'il voulait faire à son conjoint, aurait trouvé des ressources suffisantes dans le disponible ordinaire s'il n'en eût pas disposé en faveur d'un étranger. En réalité, ce serait ce dernier seul qui profiterait de l'extension qu'a reçue le disponible, puisque sans elle il n'aurait pu conserver intact le legs dont il a été gratifié.

Nous répondons qu'il est impossible d'admettre que le législateur ait voulu que le conjoint ne pût recevoir le quart en usufruit, sans recevoir en même temps le quart en propriété. Une telle interprétation aurait souvent pour effet de retourner contre l'époux une disposition qui n'a été introduite que dans son intérêt. Il est à craindre que dans l'alternative de léguer à son conjoint un quart en propriété et un quart en usufruit, ou de ne rien lui laisser du tout, le testateur ne s'arrêtât souvent à ce dernier parti.

On prétend, il est vrai, que notre système arrive à faire profiter l'étranger du disponible supplémentaire.

C'est une erreur, car on ne pourrait dire qu'il en profite que s'il avait, outre son disponible ordinaire, ce en quoi consiste ce supplément, c'est-à-dire le quart en usufruit ajouté à la quotité disponible en propriété ; or, il ne l'a pas ; il a été donné à l'époux, à qui il doit appartenir.

Si le disposant n'avait fait aucune libéralité à des tiers, on ne contesterait certainement pas la validité du legs d'une portion du disponible, d'un quart en usufruit, par exemple, au conjoint. Or, en quoi la présence d'un tiers gratifié pourrait-elle modifier le droit du disposant?

2° On a également nié qu'il fût permis de donner un quart en propriété au conjoint et un quart en usufruit à l'étranger ; une telle distribution, a-t-on dit, ne serait point conforme au vœu du législateur. En effet, l'attribution de la propriété au conjoint et de l'usufruit à l'étranger serait beaucoup plus onéreuse pour les enfants que l'attribution de la propriété à l'étranger et de l'usufruit au conjoint ; car, si ce dernier a été gratifié en propriété, il pourra vendre facilement les biens qu'il aura reçus, dissiper le prix provenant de cette aliénation, et obliger ses enfants, s'il n'a plus de moyens d'existence, à lui faire une pension alimentaire. Ce danger n'est guère à craindre si le legs consiste en un droit d'usufruit ; car, la cession d'un tel droit étant fort rare, la mère aura toujours des ressources suffisantes, ce qui affranchira les enfants de l'obligation de lui fournir des aliments.

Ce raisonnement ne nous a point convaincu ; car il est certain qu'un droit d'usufruit peut être cédé aussi bien qu'un droit de propriété, et qu'un prix de cession peut être aussi facilement dissipé qu'un prix de vente. Et si le danger est le même de quelque manière que le défunt ait distribué la quotité disponible, qui ne voit que les enfants ont tout intérêt à ce que le legs de la pleine propriété soit fait à la femme plutôt qu'à un tiers, puisque si leur mère a été gratifiée en propriété, ils trouveront un jour dans sa succession, si elle ne les a point aliénés, les biens qu'elle a reçus et qui eussent été définitivement perdus pour eux si leur père en eût disposé en faveur d'un étranger.

L'attribution d'un quart en propriété au conjoint et d'un quart en usufruit à l'étranger nous paraît régulière, parce qu'elle ne viole aucune des trois règles que nous avons posées. En effet, le montant cumulé des deux dispositions n'excède pas le disponible le plus élevé ; aucun des gratifiés ne reçoit au-delà de ce qu'il a le droit de recevoir ; enfin, l'époux seul profite de l'augmentation du disponible établi en sa faveur. Si on avait quelque doute à cet égard, il suffirait de faire le raisonnement suivant : L'époux pouvait disposer : 1° d'un quart en nue-propriété ; 2° de l'usufruit de ce quart ; 3° d'un autre quart en usufruit, qui constitue le disponible supplémentaire. Supposer que c'est ce dernier quart qu'il a voulu donner à l'étranger, c'est admettre qu'il a entendu faire une disposition nulle. Or, comme l'époux, en disposant simultanément en faveur de son conjoint et d'un tiers, a prouvé que son intention était de faire sortir à effet les deux legs, on doit naturellement penser qu'il a entendu léguer à l'étranger l'usufruit du disponible ordinaire.

On a prétendu aussi qu'il fallait considérer dans quel ordre les deux dispositions avaient été écrites. Si, dans le testament, a-t-on dit, le legs de l'usufruit fait à l'étranger précède le legs du quart en propriété fait au conjoint, il n'y aura pas excès. Mais si on a commencé par léguer un quart en propriété à l'époux, le legs d'un quart en usufruit à l'étranger ne saurait être maintenu ; car, le disponible ordinaire ayant été épuisé par la première libéralité, la seconde porte nécessairement sur le disponible supplémentaire, que peut seul recevoir le conjoint.

Nous répondons :

1° Que cette doctrine aboutit à ce dilemme : supprimer seulement le legs d'usufruit, ce qui est contraire à l'art. 926, aux termes duquel toutes les dispositions testamentaires doivent être réduites proportionnellement, ou réduire proportionnellement le legs d'usufruit fait à l'étranger et celui fait à l'époux, résultat que ne peuvent accepter les partisans de la doctrine que nous combattons ; car si, comme ils le pensent, le quart en usufruit qu'a reçu l'étranger n'est autre que le supplément du disponible, il ne peut pas plus en conserver une parcelle, qu'il ne pourrait en retenir la totalité.

2° Qu'on ne peut faire dépendre le sort du legs fait à l'étranger de la circonstance presque toujours fortuite qu'il a été placé dans le testament avant ou après celui qui s'adresse à l'époux.

La distinction proposée nous paraît devoir être rejetée, quoique les deux legs soient contenus dans des testaments différents. Car, même dans ce cas, la loi les soumet à la réduction proportionnelle et avec raison, du reste, car elle ne devait pas distinguer entre des actes qui, bien que rédigés à des époques différentes, produisent toujours leur effet à la même date.

III° Hypothèse : *La donation faite au conjoint précède celle faite à l'étranger.* — Les combinaisons qui peuvent se présenter sont celles-ci :

1° Au conjoint, un quart en nue-propriété ; à l'étranger, une moitié en usufruit ;

2° Au conjoint, une moitié en usufruit ; à l'étranger, un quart en nue-propriété ;

3° Au conjoint, un quart en pleine propriété ; à l'étranger, un quart en usufruit ;

4° Au conjoint, un quart en usufruit ; à l'étranger, un quart en propriété.

La première combinaison attribuant à l'étranger le quart en usufruit supplémentaire, nous paraît devoir être écartée.

Quant à la seconde, elle a semblé excessive à certains auteurs qui ont prétendu que le don d'un quart en nue-propriété fait à l'étranger ne saurait recevoir son exécution.

DROIT ADMINISTRATIF.

I. La disposition prohibitive de l'article 11 de la loi de 1810 peut-elle être invoquée par le propriétaire des habitations ou enclos murés, en cas d'inobservation de la distance de 100 mètres prescrite pour les recherches, alors même que les tiers prétendaient les effectuer dans un terrain qui ne lui appartient pas ? — Non.

II. — Les concessionnaires de mines sont-ils responsables envers les propriétaires voisins des dommages résultant pour ceux-ci du tarissement des sources que leurs propriétés renferment, lorsque ces concessionnaires sont en même temps propriétaires du sol au-dessous duquel se fait l'exploitation ? — Oui.

Vu : le Doyen,
CARLES.

PERMIS D'IMPRIMER,

9 mars 1874.

Le Recteur, CH. ZÉVORT.

Nîmes. — Imprimerie SOUSTELLE, boulevart St-Antoine, 9.

www.ingramcontent.com/pod-product-compliance
Ingram Content Group UK Ltd.
Pitfield, Milton Keynes, MK11 3LW, UK
UKHW021115220726
13924UKWH00004B/1731